Pan-Africanism
and
International Law

Abdulqawi A.Yusuf

泛非主义与国际法

[索] 阿卜杜勒卡维·A.优素福/著
万猛　赵理智　朱峰　韩泓宇/译

法律出版社
LAW PRESS·CHINA

著作权合同登记号
图字：01-2019-2956

阿卜杜勒卡维·A.优素福

Abdulqawi A.Yusuf

1948年9月12日生于索马里埃尔市，2009年2月正式当选为联合国国际法院法官，2018年2月起担任联合国国际法院院长。

优素福先生于1973年获索马里国立大学法学院法律博士学位，1974年获荷兰海牙国际法学院国际法研究中心学习证书，1976—1977年于意大利佛罗伦萨大学完成国际法与国际关系专业研究生课程学习，1980年获得瑞士日内瓦大学高级国际关系及发展学院国际法学博士学位。

教研生涯初期他曾在索马里国立大学法学院担任讲师，数年后赴日内瓦大学法学院任教，此后还曾担任过多所高校与学术机构的客座教授。现为知名民间国际法学术机构——国际法研究院（法语官方名Institut de droit international，1873年成立于比利时根特，现总部位于日内瓦）院士之一。

优素福先生还是非洲国际法研究所（总部位于坦桑尼亚阿鲁沙）的创始人。他创办了《非洲国际法年刊》（African Yearbook of International Law），曾担任总编。曾经担任世界艺术与科学学院（WAAS）院士，联合国教科文组织法律顾问、法律事务主任，联合国工业发展组织总干事助理、法律事务主任，联合国贸易和发展会议驻纽约联合国总部代表、贸发会日内瓦总部法律政策部门负责人。

优素福夫妇热爱中国文化，致力于推动中非人民的友好关系。

中文版序

非常高兴本人的拙作《泛非主义与国际法》已经由北京外国语大学法学院翻译为中文。这一恰如其分的举措是由北外法学院创始院长万猛教授首倡的,本人对此不胜感激。同时特别感谢法律出版社出版本书。

自本书的英文版和法文版面世以来,非洲人民的团结统一进一步加强,进而推动了整个非洲大陆范围内泛非主义理念的发展。本书从法律的角度出发,对泛非主义的起源和发展进行了研究。非洲统一已具备具体的法律或制度特征,为此我特举两例。

第一个最明显的例子是《非洲大陆自由贸易协定》(CFTA)。它的主要目标是建立一个单一的大陆商品服务市场,促进商务人士和投资的自由流动,从而为加快建立大陆海关联盟和非洲关税同盟做好准备。2018 年 3 月,非洲联盟 55 个成员国中的 44 个国家在卢旺达首都基加利签署了该协定。2019 年 4 月 2 日，冈比亚成为第 22 个批准该协定的国家，为该协定自此日起 30 日后的正式生效铺平了道路。据联合国非洲经济委员会预测，到 2022 年，协定将使非洲内陆贸易额增长 52%，尽管这一目标的实现将在很大程度上取决于协定在各缔约国的实际执行情况。

第二个例子是非盟于 2018 年 1 月 29 日通过的《非洲航天局规约》。该规约声明其旨在加强执行“非洲大陆的空间任务，确保以最佳方式获取空间数据、信息、服务和产品”。这种广泛获取具有改善农业、防止滥伐森林、改进干旱和灾害防治计划的潜力，鉴于非洲比其他大陆更容易受到气候变化的影响，这些改进会大有裨益。航天局还将促使非洲大陆的各个国家在实施空间计划的过程中进行合作，将资源利用和工作的重复性降到最低，今后空间计划的实施将保持在泛非层面。

中国法律学者、法律从业人员和法律政策制定者更好地理解泛非主义的起源、演进和现状，无疑将有助于进一步增进中国与非洲人民、中国与非洲大陆组织——非盟之间的合作。我希望，本书的中文版将有助于参与合作的各方增进了解。

2019 年 4 月 10 日于荷兰海牙

目　录

引言 / 1

第一章　泛非主义的源起与演进 / 7

第一节　颠沛流离中诞生的泛非主义 / 7

第二节　非洲独立后的泛非主义:为完全的非殖民化而斗争 / 18

第三节　非洲联盟体制下的泛非主义:促进民主化与发展 / 31

第二章　泛非主义与“欧洲公法” / 35

第一节　国际法与“欧洲公法” / 37

第二节　“欧洲公法”与非洲的殖民化 / 45

第三节　泛非主义与“欧洲公法”冲突的早期迹象 / 55

第三章　泛非主义与作为国际法主体的非洲国家崛起 / 71

第一节　为实现国际法变革而协作行动 / 72

第二节　对特定规则和原则的反对或抵制 / 77

第三节　对其他规则的矛盾心理与折中态度 / 87

第四节　对改革旧规则与影响新规则制定的渴望 / 96

第四章　泛非主义机构与规范的演进：从非洲统一组织到非洲联盟 / 115

第一节　重燃非洲人民对更强有力的统一和团结的渴望 / 117

第二节　消除内部冲突的祸患 / 125

第三节　保护人权和民族权以及促进善治和法治 / 131

第四节　构建政府与公民社会的伙伴关系 / 141

第五章　泛非主义与非洲公法：促进规则与原则的创新 / 145

第一节　《非盟组织法》的创新原则：一些例证 / 147

第二节　其他创新的约束力文件：《坎帕拉公约》 / 160

第三节　将集体权利纳入实在法：发展权 / 166

第六章　非洲公法与国际法：扩大国际规则适用范围 / 173

第一节　《非洲难民公约》的独特性 / 174

第二节　《非洲儿童权利和福利宪章》的附加价值 / 181

第三节　《非洲妇女权利议定书》的补充属性 / 186

第四节　扩大环境保护范围：《巴马科公约》 / 194

第七章　结　语 / 199

附录一　英文缩略语中译列表 / 202

附录二　作者主要研究成果 / 204

参考文献 / 210

引　言*

这项研究基于我2012年夏天在海牙国际法学院举办的一系列讲座，讲述了泛非主义与国际法之间的关系。出于种种原因，我选择把重点放在泛非主义和国际法的关系而不是非洲和国际法的关系上。第一，泛非主义象征着非洲大陆与外部世界的统一。第二，可以通过泛非主义考察所有非洲国家（而不是个别国家）针对国际法采取的活动、实践和态度。第三，在新的非洲国家崛起之前，泛非主义就已通过争取非洲人民的人权、解放、独立和国家地位的斗争与"国际法"产生了接触。第四，非洲国家正是通过1963年以来相继建立的泛非组织——非洲统一组织和非洲

* 笔者要对安妮·霍夫特-杜邦（Anne Hooft-Dupont）女士在整合本文过程中提供的有效协助以及伊琳娜森·奥希奥莫巴（Elinathan Ohiomoba）女士为稿件文献检索和编辑提供的宝贵支持表达诚挚的感谢。

联盟(以下简称"非盟"——译者注)——开始对其独立后的几十年里的国际法发展施加影响,并建立了适用于非洲内部关系的规范性体系,目的是实现非洲大陆人民的政治、社会、经济夙愿。

最重要的是,泛非主义提供了一种独特的有利视角来研究非洲与国际法的接触:第一,这块大陆上的政治实体被排除在欧洲中心论版本的国际法的适用范围之外,该国际法只应用于自诩的"文明国家"俱乐部;第二,非洲国家作为国际法主体的兴起,能够影响和促进普遍国际规范法律体系的发展;第三,泛非组织(非洲统一组织和非盟)成员的集体行动,产生了适用于非洲内部关系的创新原则和规则,这些原则和规则或者超越了全球性规则的范围,或者通过扩大它们的范围对自身作出了补充。[1]

本研究的目的是概述和分析泛非主义不同阶段的发展历程,从由参与争取非洲大陆人民解放斗争的个人和团体组织的侨民运动,到致力于促进非洲统一的独立国家集团和政府间组织——它们基于泛非主义的观念和愿景,通过社会、经济和政治一体化计划推进非洲统一。

泛非主义的根源可以追溯到非洲人和非洲人后裔对艾梅·切塞尔(Aimé Césaire)所称的"殖民地、半殖民地或准殖民

---

〔1〕 正如布特罗斯-加利(Boutrous-Ghali)于 1968 年所述:"非洲从未了解过传统意义上的国际法,在殖民主义的阴影(投降协定、保护地、租借地等)下,该法被用于为欧洲人的兼并行为和特权辩护。然而,如今非洲突然得到了一片新的造法领域,这些新法将在未来管控非洲的冲突,管理非洲的组织与集团,建构非洲的安全与制度。" See B. Boutros-Ghali, *L'Organisation de l'Unité Africaine*, 1968, pp. 5-6.

地局势影响”[2]的反抗。奴隶制的经历也是一个重要因素，它有助于培育泛非运动所基于的团结和统一意识。[3] 泛非主义最初被视为一种政治、意识形态平台以及非洲人民和散居国外的非洲人后裔的一项运动，旨在动员非洲人民和非洲大陆以外的非洲人后裔为重新获得自由、人权和人类尊严而斗争，并促进他们的团结与融合。

泛非主义运动从一开始就由不同背景和来自不同社会的个人和团体组织参与——从加勒比海岛屿到非洲，从美国到欧洲——但他们具有共同的经历和愿景。泛非主义是当今国际民间社会组织的先驱，其目标不仅是实现非洲人民的团结与统一，而且旨在发起一场国际性运动，以确保非洲人民和非洲大陆以外的非洲人后裔的人权和人格尊严得到尊重。

20 世纪初期，正是这种争取人权和人类尊严的斗争塑造了泛非主义与国际法之间的初步关系。在 19 世纪的欧洲，国际法以欧洲中心论公法为框架，仅适用于“基督教国家”，后来适用于“文明国家”。这对非欧洲文明是一种事实上的歧视，并将争夺非洲殖民地的行为正当化。在 20 世纪前 20 年，泛非运动动员国际社会承认自决权并对非洲人民的人权加以法律保护，这种诉求不符合当时“国际法”的普遍理论和原则。当时的“国际法”不仅将非洲人民及其国家排除在外，而

---

〔2〕 A. Césaire, “Culture and Colonization”, in *Présence africaine*, quoted in C. Legum, *Pan-Africanism, A Short Political Guide*, 1962, p. 21.

〔3〕 正如 20 世纪初泛非运动的主要设计者杜波依斯（W. E. B Du Bois）博士所述：“面对非洲，我扪心自问：我们之间存在怎样的一条只可意会不可言传的纽带？非洲当然是我的故土。然而，父亲和祖父却从未见过非洲，也不知道非洲的意义，亦没有对它投入过太多的关切……生理上几乎毫无关联，肤色相对来讲并没那么重要。亲近关系真正的本质在于奴隶制留下的社会遗产，还有歧视与羞辱……正是这一切的结合令我关注着非洲。”W. E. B. Du Bois, *Dusk of Dawn*, 2007, p. 59.

且欧洲大国利用它为殖民统治非洲人民、占领非洲人民土地的行为辩护。这当然不是我们今天所熟悉的国际法,而是一种基于欧洲所形成的国际规范体系概念的欧洲中心论版本,该体系的真名是“欧洲公法”(拉丁文 *jus publicum Europaeum*,英文 public law of Europe——译者注)。

我们讨论了泛非主义与“欧洲公法”之间的初步交锋,在此期间,非洲人民及其国家被视为客体并被剥夺了“国际法”主体的地位。之后我们将转向泛非主义的第二阶段,在此期间,泛非主义的战场移至非洲大陆,并于 20 世纪 50 年代在第一批新独立的非洲国家中扎根。在《联合国宪章》的框架下,这些新独立的非洲国家登上国际舞台并成为具有普遍愿景的国际法主体。这标志着泛非主义与国际法之间新关系的开端。

通过与来自亚洲和拉丁美洲的其他前附属地国家的合作,新兴非洲国家利用其国际法主体地位及联合国成员资格,力求实现国际关系规范体系的变化,从而确保国际规则新加入者的利益,并实现对继承自 19 世纪欧洲中心论体系的习惯规范的改革与修正。他们的一些旧诉求已经在《联合国宪章》相关条款中得到了支持,其中包括人民平等权利和自决原则,这一概念对泛非主义至关重要。尽管如此,他们决心根据泛非主义的目标,让非洲大陆完全摆脱殖民统治。因此,他们的首要任务是争取联合国的支持,结束一切形式和表现的殖民主义,并宣布殖民活动违反《联合国宪章》,从而废除残余的殖民法律。然而,这并不妨碍非洲国家在编纂和发展以往属于习惯法规范的其他国际法规则方面作出贡献,如条约法、海洋法、外交和领事关系以及国家责任。本研究将对这些贡献的一些突出范例进行分析。

最后，我们将审视以国家为中心的泛非主义的发展，从1963年非洲统一组织的初创，到2001年非盟的建立，再到泛非主义与国际法的新关系。随着这些组织的建立，泛非主义的一些理念首次被纳入国际条约，作为政府间组织的基本目标。更重要的是，通过这些泛非组织，非洲国家有能力向世界其他国家传达泛非主义规范和原则所承载的理念，为一般性的国际造法作出贡献，并确定今后适用于非洲人民的规则的性质与内容。通过其组织文件及立法活动，这些泛非组织多年来一直在发展非洲公法，其中包括适用于非洲内部关系的规则、原则与惯例，也影响了世界其他地区类似规则以及普遍性规则的发展。〔4〕 正如本研究所示，其中一些规范与普遍国际法相比极具创新性和原创性，只有在非洲公法中才能成为具有约束力的规则或原则；而另一些规范则对普遍性国际公约所规定的法律规则和原则作了补充（如关于人权或难民保护的公约），并通过扩大其适用范围对它们加以丰富。

该非洲公法的兴起标志着泛非主义与国际法的关系进入了一个新的阶段。这并不意味着这种泛非法律体系已成为普遍国际法的一部分。正如上文所指出的，它是一种区域性法律制度，旨在满足非洲人民的具体诉求和愿望，促使非洲国家根据泛非主义理念促进团结统一，以便规范非洲国家之间的关系。但是，鉴于该区域公法的某些规则和原则具有进步性和前

〔4〕 布特罗斯-加利认为：“《非洲统一组织宪章》是整个非洲的根本性法律，非洲统一组织通过的决议规定了规范非洲内部关系的一般性规则。鉴于此，这些立法活动必将带来一股思潮，为非洲人民创设适当的权利，同时也将极大丰富普遍国际法。”Boutros-Ghali, op. cit., p. 5.

瞻性,不可否认,它们会催生更广泛适用的国际法律规范,从而丰富普遍国际法。

最后,由于难以更好地命名这一新的区域性法制体系,我们在整个研究过程中暂且称其为“非洲公法”。但正如本研究所示,它与19世纪的“欧洲公法”之间不存在任何关联。基于历史原因,本研究将检讨“欧洲公法”与泛非主义的最初交锋,“欧洲公法”在当时被贴上了“国际法”标签,但是它却将世界上绝大多数国家排除在外。

第一章　泛非主义的源起与演进

第一节　颠沛流离中诞生的泛非主义

作为一种文化和政治运动，泛非主义的兴起或许可以追溯到1900年伦敦举行的第一届泛非大会。这次会议的组织者是特立尼达律师亨利·西尔威斯特·威廉斯（Henry Sylvester Williams）。他第一次提出了泛非主义的理念，以"宣示非洲人民和非裔人民情同手足、万众一心"。[5] 其他学者，如威廉·博加德·杜波依斯（William E. Burgardt du Bois）博士，也早已对所谓的"泛尼格罗运动"[6]有过著述。从标志泛非运动诞生的1900年伦敦会议开始，杜波依斯本人也加入了泛非运

〔5〕 G. Padmore, *Pan-Africanism or Communism? The Coming Struggle for Africa*, 1956, p. 117.

〔6〕 Ibid., p. 105.

动的行列，后来他成为该运动历史上最重要的领导人之一。他还是之后在非洲大陆以外举办的数次泛非大会的赞助者和主要组织者。

在伦敦会议上，杜波依斯和威廉斯得到了来自加勒比地区、美国和英国代表们的支持。在英国国会所在地、大英帝国的政治心脏威斯敏斯特大厅，这些新生的泛非运动先驱者们起草了泛非协会约章，首次明确了泛非运动的宗旨和目的。代表们还撰写了《告世界各民族书》，将其“递交给当时的各个大国，即英国、法国、德国和美国”，绘制了泛非政治规划的国际蓝图。[7] 大会通过了一项决议，对欧洲拓殖者在南非和罗得西亚掠夺非洲人祖居土地、虐待土著居民的行径进行了谴责。然而，大会并未处理其他关于人权保护和非洲大陆自治的议题。

直到 1919 年，在由杜波依斯组织召开的巴黎会议上，这些议题才首次提上泛非运动的议事日程。距离第一届大会仅仅过了 19 年，泛非运动就已经在全世界的非裔人中发展了广泛的成员，特别是来自非洲各殖民地的青年政治家和政治活动家。例如，在法国，塞内加尔裔的法属西非殖民地代表、克里孟梭(Clemenceau)总理的密友布莱斯·迪亚涅(Blaise Diagne)协助杜波依斯向巴黎和会表达了非洲人民的不满，作为大会与巴黎和会的联动内容。[8] 参加巴黎和会的领导人没有一人在泛非大会上发表讲话。尽管美国的威尔逊(Wilson)总统在著名的“十四点原则”讲话中呼吁关注土著居民的权益，实际上没

〔7〕 M. Bedjaoui, “Brief Historical Overview of Steps to African Unity”, in A. Yusuf and F. Ouguergouz (eds.), *The African Union: Legal and Institutional Aspects*, 2012, p. 12.

〔8〕 Padmore, op. cit., p. 121.

有人去关心和咨询过云集在巴黎的非洲代表们。[9]

因此,顺理成章地,1919 年大会的代表们通过了一项决议,特别强调非洲大陆住民的权利,并呼吁协约国通过一项“与国际劳工保护准则相似的非洲原住民国际保护”法律准则。[10] 该决议标志着在跨大西洋奴隶贸易、19 世纪欧洲列强在非洲大规模殖民活动之后,关于非洲人民人权的国际性保护事宜终于第一次提上了全球性议事日程。同样,这也是第一次在国际舞台上提议通过一份关于人权保护的综合性法律文件。对国际人权保护文件的倡议奏响了重塑非洲人民人格尊严的号角。长久以来,他们饱受奴隶制和殖民统治的戕害;当自己家国的命运被他人讨论之时,作为主人的他们却备受忽视,毫无发言权。

1919 年决议同时呼吁国际联盟建立“一个专门负责监督上述法律对原住民政治、社会和经济福利适用情况的常设机构”。[11] 此外,还确立了对非洲原住民和非裔人民进行妥善治理的特定原则,包括废除奴隶制和肉刑,明确原住民土地的有效所有权,以及对自决原则(与威尔逊著名的 1918 年国会演说中提出的准则相似)的阐释。[12] 这是自决原则首次被纳入泛非运动决议当中,其将成为基层非殖民化运动的基石。在有关自决原则的条款中,决议规定如下:

---

〔9〕 See M. Macmillan, *Peacemakers: The Paris Conference of* 1919 *and Its Attempt to End War*, 2001, pp. 113–114.

〔10〕 决议文本参见 Legum, op. cit., Appendix I, p. 133, para。

〔11〕 Ibid., Appendix I, p. 133, para. (b).

〔12〕 参见美国威尔逊总统 1918 年 1 月 8 日在国会的演讲:Records of the United States Senate, Record Group 46, United States of America National Archives。

> 非洲原住民须有权在其发展进程允许的情况下尽快参与政府运作,应符合以下原则:政府为原住民而存在,而非原住民为政府而存在……最终,届时,非洲应为非洲人民的意愿所统治。[13]

非洲人权(包括非洲人和非裔人的财产权)保护和人民自决原则(基于"统治需经被统治者同意"意义之上)日后成为泛非主义相辅相成的两大基石。在后来的历次泛非大会决议中,这两个相辅相成的目标被一再强调,是确保非洲解放和人民自由的关键性基本原则。第二章将要探讨泛非运动为实现这些目标所进行的斗争,其引发了指导非洲人民解放事业的泛非主义与古典国际法之间的最初冲突,特别是与 19 世纪末至 20 世纪初欧洲人对国际法的解释(被法律学者们称为"欧洲公法")之间的冲突。

泛非运动对人权保护与非洲人民自决权的公开呼吁,并未使协约国将与这些主题相关的特别条款纳入《国际联盟盟约》(以下简称《国联盟约》——译者注)。[14] 尽管 1919 年泛非大会决议对殖民统治进行了有力批判,战胜国仍然渴望通过对第一次世界大战战利品的瓜分,扩大和延长自己的殖民计划,特别是针对非洲的前德属殖民地。根据《国联盟约》第 22 条建立的委任统治制度,过去由德国控制或殖民统治的非洲领地应

---

〔13〕 决议全文参见 Legum, op. cit., Appendix I, pp. 133–134, para. (c) (v)。代表们有可能受到了威尔逊总统 1918 年在国会演讲的启发。在演讲中,威尔逊声称:"各民族的愿望必须得到尊重。现在,人民只会被他们自己的意愿统治和治理。"参见前注 12。

〔14〕 《国际联盟盟约》于 1919 年 4 月通过,当时正值泛非会议召开前数周。见下注 15。

受到外部管理。[15] 这些领地上的居民被称为“尚不能够在现代世界的艰苦条件下自力更生的人民”，因此他们只能将监护权委托给“在资源、阅历或地理位置上居于先进地位从而能够最好地承担起这份责任的国家”。[16] 就像民法中的监护人一样，这些所谓的“先进国家”需要根据“促进此类人民福祉与发展的神圣托管原则”，[17] 为自己监护对象的利益而行使权力。

过去被德国殖民的非洲国家大多被列入第二类即“乙类”委任统治地，意即

> 在此阶段，受任国必须负责确保境内的良心和宗教自由，只依从于对公共秩序和道德的维护，禁止奴隶贸易、军火贩运和酒类走私等不法行为。[18]

受任国还须负责：

> 防止为治安和保卫领土之外的目的建立防御工事或陆海军基地以及对原住民进行军事训练，并……确保国联其他成员的贸易与商业机会均等。[19]

属于乙类委任统治地的国家有喀麦隆、多哥兰、坦噶尼喀以及卢安达－乌隆迪（后分为卢旺达和布隆迪两个国家）。多

〔15〕 Covenant of the League of Nations, Art. 22, 28 April 1919, *UKTS* 4.

〔16〕 Ibid.

〔17〕 Ibid.

〔18〕 Op. cit. footnote 15.

〔19〕 Ibid.

哥兰被一条南北向分界线分为两部分:位于分界线以西的 1/3 成为英属多哥兰,由黄金海岸殖民当局管辖;分界线以东的 2/3 成为法属多哥兰(多哥),作为法属西非的一部分,由法国管辖。此外,德国在喀麦隆的大部分殖民地由法国受任统治,而与尼日利亚西北部接壤的两块小区域则被置于英国管辖之下。英国还得到了前德属东非的大片土地,即坦噶尼喀。比利时则受任统治卢安达-乌隆迪。唯一的例外是西南非洲,它被归入"丙类"委任统治地,由南非当局根据《国联盟约》第 22 条另一款的规定进行管治:

此外有一类土地,如西南非洲及某些南太平洋岛屿,或因居民稀少,或因幅员不广,或因距文明中心辽远,或因地理接近受任国之领土,或因其他情形,最易根据受任国法律作为其领土整体的一部分进行管治,但为土著居民利益计,受任国应遵行以上所载之保障。[20]

尽管委任统治制度被设计为殖民统治的一种改良机制,但就当地居民的福利与生计状况而言,它与殖民主义几近相同,往往只是掩盖了接收甚至吞并德国所征服土地的行径。事实上,委任统治制度的支持者、南非种族主义总理扬·斯穆茨(Jan Smuts)将军就认为,从德国手中接管的非洲土地上"居住的都是野蛮人,他们不仅不可能实现自我管理,而且对他们而言,任何自决理论的适用都不切实际"。在他看来,这番评价

〔20〕 Op. cit. footnote 15.

尤其适用于其急于吞并的西南非洲。[21] 但是，正如国际法院在1950年关于西南非洲国际地位的咨询意见中所指出的，在委任统治制度建立的过程中，“两大原则被认为是至关重要的，即非兼并原则以及人民的福利与发展构成‘文明的神圣托管’的原则”。[22]

国际法院进一步认为：“委任统治为该领土上的居民和全人类的利益服务，作为一种国际机制，其目标是实现文明的神圣托管。”[23] 为了更详细地阐释委任统治制度中的“神圣托管”概念，国际法院后来在1971年关于西南非洲局势的咨询意见中指出：

> 不言而喻，这种“托管”必须为相关人民的权益考虑，应承认他们自身拥有的利益，以及他们具有在发展到一定阶段时得以独立生存的潜力。[24]

虽然这种解释可能与《国联盟约》第22条的措辞相一致，并为国际法院在这份咨询意见中所提及的国际法后续发展所支持，[25] 从一些受任国（如南非种族隔离政权）的行为中仍可清晰地看出，他们就是利用委任统治制度掩盖殖民统治，甚

〔21〕 J. Smuts, “The League of Nations: A Practical Suggestion”, in D. Miller, *The Drafting of the Covenant*, Vol. 2, 1928, p. 28.

〔22〕 *International Status of South West Africa*, *ICJ Reports* 1950, p. 131.

〔23〕 Ibid., p. 132.

〔24〕 *Legal Consequences for States of the Continued Presence of South Africa in Namibia (South West Africa) notwithstanding Security Council Resolution* 276 (1970), *Advisory Opinion*, *ICJ Reports* 1971, p. 29.

〔25〕 Ibid., p. 31.

至掩盖吞并作为“一战”敌国的德国政府前殖民地的行径。[26] 站在20世纪20年代泛非运动的制高点上,50年后被国际法院所强调的委任统治制度中的“独立生存的潜力”,在当时并非不言自明,其不易被人察觉。[27] 因此,1921年在伦敦和布鲁塞尔举行的第三届泛非大会总结了非洲人民的主要诉求:“地方自治……应有条不紊地兴起,随着经验与智识成长足以达到完全自治的程度。”[28] 同样地,1923年在伦敦和里斯本举行的第四届泛非大会期间,非洲人民主要的政治诉求被总结为能够“在自己的政府中拥有话语权”。[29] 非洲人民自治和“统治需经被统治者同意”这两大相辅相成的原则成为泛非运动政治倡议的基石,这一点在后来历届泛非大会通过的无数决议和宣言中不断得到体现。此外,从第四届泛非大会起,泛非运动决议开始强调种族平等与一切人民权利平等。例如,1923年伦敦会议通过的宣言提出:

> 总而言之,我们向全世界呼吁黑人能够被作为人看待,这是通往和平与进步的唯一途径。今日之世界最大的矛盾,莫过于伟大的南非国家的领导人一面在欧洲盲目鼓吹和平与善意,一面却对数百万非洲黑人肉体和心灵进行践踏。[30]

该宣言在呼吁平等与平权的同时,也强烈谴责了南非斯穆

---

〔26〕 根据《凡尔赛条约》的安排,德国失去了所有殖民地。参见 Treaty of Peace between the Allied and Associated Powers and Germany, 28 June 1919, 225 Parry 188, Art. 119。

〔27〕 *South West Africa*, *Advisory Opinion*, *ICJ. Reports* 1971, p. 31.

〔28〕 Padmore, op. cit., pp. 139–144.

〔29〕 Ibid.

〔30〕 Ibid.; Legum, op. cit., pp. 29–30.

茨总理针对南非黑人的歧视性虐待和压迫行为。

第四届泛非大会后紧接着 1927 年在纽约召开了第五届泛非大会,但真正作为泛非主义转折点标志的则是在曼彻斯特召开的第六届泛非大会,原因有三。

第一,大多数来到曼彻斯特的与会者都是在两次世界大战之间成长起来的,他们是来自非洲本土的青年自由战士和学生,而早期的会议代表则大多是来自美国或加勒比地区的非裔侨民活动家。曼彻斯特会议的代表和与会者包括众多举足轻重的非洲独立运动领袖,如加纳的夸梅·恩克鲁玛(Kwame Nkrumah)、塞拉利昂的华莱士·约翰逊(Wallace Johnson)、南非的彼得·阿伯拉罕姆斯(Peter Abrahams)、多哥的拉斐尔·阿马托(Raphael Armattoe)、马拉维的海斯廷斯·班达(Hastings Banda)和肯尼亚的乔莫·肯雅塔(Jomo Kenyatta)等。恩克鲁玛、班达和肯雅塔后来都成为他们各自国家的领导人。

第二,与起草过大会早期众多决议的美国和加勒比的黑人精英们不同,曼彻斯特会议上来自非洲殖民地的青年政治领袖们不再提倡渐进的改良方式,而是发出了更加激进的声音,主张立即在非洲终结殖民主义。最终曼彻斯特决议明确强调要将非洲大陆迅速非殖民化,同时也要求将全体非裔人民立即从一切形式的歧视性立法中解放出来。此外,曼彻斯特会议通过以下声明对殖民列强发出了有力的质疑:

与会代表们信奉和平,就算数个世纪以来非洲人民一直是暴力和奴役的受害者,那又如何?然而,倘若西方世界仍然决心以武力统治人类,那么作为最后的手段,非洲人也将不得不通过诉诸武力的方式努力实现自由,即使武力最终会将他们和全世界一同摧毁。[31]

这一宣言标志着席卷整个非洲的民族解放运动的开始,尽管这块土地上的若干国家已经开始了个别零星的斗争。通过这一宣言,泛非主义也进入了以人民自决权为指导思想的民族解放与非殖民化的新阶段。曼彻斯特会议重申,自决原则是"所有殖民地人民掌控自己命运的权利","要将他们从外国帝国主义者的手中解放出来",并号召殖民地人民"采取一切他们能够采取的手段为实现这些目标而斗争"。[32]

第三,曼彻斯特会议对美国罗斯福总统 1941 年发表的"四大自由"演说给予了即时声援。[33] 在向国会发表国情咨文时,罗斯福总统提出"世界各地的"人民都应享有四种基本自由:言论自由、信仰自由、免于贫困的自由和免于恐惧的自由。[34] 这些自由在泛非运动自"一战"结束以来所倡导的各项原则中都得到了体现,特别是呼吁协约国保护非洲人民的人权。曼彻斯特会议对声明支持自决原则的国际文件也表示了接受。因此,会议支持《大西洋宪章》并要求其应"立即得到执

---

〔31〕 Padmore, op. cit., p. 170. 该宣言进一步声明:"我们的人民并不为长期保持耐心而感到羞耻,我们愿意继续付出牺牲和努力。但是,我们再也不愿意因为从事世界上最痛苦的差事而饿死,再也不愿意通过我们的贫穷和无知来支持虚伪的贵族统治和毫无信用的帝国主义……因此,我们会持续抱怨、呼吁和控诉。我们将让全世界了解我们的真实处境。我们将以各种方式为自由、民主和社会进步而斗争。"

〔32〕 For the text, see Legum, op. cit., Appendix 2, p. 137.

〔33〕 Franklin D. Roosevelt Annual Message to Congress, 6 January 1941, Records of the United States Senate, SEN 77A – Hl, Record Group 46, National Archives; see also Legum, op. cit., Appendix 2, p. 136.

〔34〕 Ibid.

行”。[35] 会议尤其关注的是宪章关于尊重“所有人民选择其赖以生存政府形式的权利”[36]的声明，这是泛非运动自20世纪初诞生以来倡导的基本原则。

同时，会议对委任统治制度、托管制度和保护地制度表示出不满，进而间接提及了自决原则：

> 自英国人、法国人、比利时人和其他欧洲人在西非出现以来，这些外国帝国主义列强的系统性掠夺使这里产生了倒退而非进步。“伙伴关系”、“托管”和“委任统治”并非为西非人民的政治意愿服务。[37]

除了泛非主义者在过去历届大会决议中阐明的著名观点（对非洲人民人权的保护、殖民地人民自决原则及人民的平等权利），曼彻斯特会议不但表达了非洲人民对迅速完成非殖民化的要求，还明确提出，倘若殖民列强以军事镇压维持在非洲的殖民统治，非洲人民已准备好以武装斗争作为最后的手段，投身于勃兴的民族独立运动当中。大会还表达了与亚洲人民团结的愿望，希望“在不久的将来，亚非人民能够打破自己身上被强加数个世纪之久的殖民主义枷锁”，并且“在那之后，作为自由的国家，团结一致地巩固和捍卫其自由和独立，防备西方帝国主义的反扑以及共产主义的威胁”。[38]

在对区域间伙伴关系的呼吁声中，曼彻斯特会议见证了泛

---

[35] Padmore, op. cit., p. 166.

[36] Atlantic Charter, 11 August 1941, 204 *LNTS* 384, Art. 3.

[37] 关于决议文本，参见 Padmore, op. cit., p. 163。

[38] Ibid.

非运动关于非殖民化与民族独立政治策略的一大重要转变。尽管早期的泛非运动是由侨居海外的精英与知识分子领导的,曼彻斯特会议表明,该运动已在非洲本土开拓出了新的政治基础,在此背景下,它将继续努力争取实现其主要目标:在与亚洲其他附属地人民的合作当中实现非洲人民的统一与团结。

第二节　非洲独立后的泛非主义:为完全的非殖民化而斗争

由散居侨民和精英推动的早期泛非主义,通过在欧美举行的一系列会议,帮助确立了该运动的政治与意识形态方向。后来的泛非主义则转变为以国家为中心,创立了必要的组织机构,将构成泛非计划基础的非洲国家独立理念诉诸实践。这条道路并不容易,且始终伴随非议。政治机构行为者们在新独立的非洲国家之间寻求团结的方式更是极具争议。

1957年加纳独立以后,夸梅·恩克鲁玛总统便成为非洲大陆上泛非主义的主要推动者。1958年4月,他在加纳首都阿克拉组织了第一次非洲独立国家会议,参加会议的有八个国家:埃及、埃塞俄比亚、加纳、利比亚、利比里亚、摩洛哥、苏丹和突尼斯。紧接着,同年12月,一个由各政党参加的非政府性会议——全非人民大会也在阿克拉召开。

非洲独立国家会议号召非洲各国及"非洲附属地人民"团结起来,并重申"非洲人民独立与自决的权利",之后,决定采取"适当的措施加快这一权利的实现"。[39] 会议还将"非洲个

〔39〕 决议文本参见 Legum, op. cit., Appendix 4, p. 139。

性”这一概念摆上了泛非运动的辩论台。这一概念是由西印度学者爱德华·布莱登(Edward Blyden)博士于19世纪首次提出的,它建立在非洲必须对世界作出独特贡献的思想之上。[40]为保证这一与众不同的“非洲个性”能够在国际关系中发挥适当的作用,会议决定与会八国在联合国的代表应作为一个团体行事,以确保就共同关切的事项协调行动。[41]

恩克鲁玛的泛非统一理念在全非人民大会上也被提及。他提议建立一个单一的非洲邦联制政体,实现当时非洲既存的各主权国家政治经济完全一体化。大会支持了这一主张,并通过了如下决议:

(一)支持泛非主义与非洲人民实现统一的愿望;(二)宣布其终极目标为发展成自由非洲国家联合体;(三)号召非洲独立国家领导非洲人民为实现这一目标而奋斗;(四)表达对这一天终将破晓的希望,那时所有非洲国家的忠诚都将给予一个统一的非洲联合体。[42]

然而,重大且公开的分歧很快就在新独立国家之间显现出来,因为恩克鲁玛关于建立非洲国家联合体或非洲合众国的愿景并不一定为其他新独立国家领导人所赞成。[43] 非洲各独立国家对于阿尔及利亚解放战争、毛里塔尼亚与摩洛哥之间的争

---

〔40〕 Legum, op. cit., Appendix 23, pp. 263-265.

〔41〕 Ibid., Appendix 4, pp. 139-140.

〔42〕 Ibid., Appendix 22, p. 230.

〔43〕 Legum, op. cit., pp. 47-50; Appendix 11, pp. 172-174. 1960年在亚的斯亚贝巴举行的第二届非洲独立国家会议上,建立“非洲合众国”的提议遭到了尼日利亚代表团的特别反对。

执以及刚果危机持不同立场,也加剧了这些分歧。结果,关于上述事件的立场分歧及各国关于泛非统一的不同愿景,催生了三个各自为政的国家团体:布拉柴维尔集团、卡萨布兰卡集团和蒙罗维亚集团。

布拉柴维尔集团最早是各国为解决法国与阿尔及利亚之间的冲突而集结的。[44] 该集团的不少成员都是前法属殖民地,包括刚果(布)、科特迪瓦、塞内加尔、毛里塔尼亚、上沃尔特(今天的布基纳法索)、尼日尔、达荷美(今天的贝宁)、乍得、加蓬、中非共和国、喀麦隆和马达加斯加。尽管该集团发表了一项声明,呼吁结束法国与阿尔及利亚之间的战争,支持毛里塔尼亚独立及调停刚果冲突,但对建立非洲国家政治一体化联盟的主张表示反对。相反地,由摩洛哥、加纳、几内亚、马里和阿拉伯联合共和国(埃及)组成的卡萨布兰卡集团则强烈支持根据"恩克鲁玛关于建立非洲大陆政府和全非国家联盟的提议"[45]组建超国家形式的政治联合体。这种完全政治一体化的愿景直接影响了《卡萨布兰卡非洲宪章》(以下简称《非洲宪章》——译者注)的起草。在《非洲宪章》中,代表们"宣告他们决心促成全非洲自由的胜利并实现非洲的团结"。[46] 为实现这一团结,《非洲宪章》建立了若干机构,包括大会和四个执行委员会(非洲政治执委会、非洲经济执委会、非洲文化执委会和非洲联合最高统帅部)。[47] 此外,卡萨布兰卡集团还通过了若干关于非洲地区冲突的决议。它呼吁联合国从刚果撤军,告

〔44〕 Legum, op. cit., p. 50.

〔45〕 Z. červenka, The Organisation of African Unity and Its Charter, 1969, p. 139.

〔46〕 文本详情参见 Legum, op. cit., Appendix 15, p. 187。

〔47〕 Legum, op. cit., Appendix 15, pp. 187-188.

诫法国结束其在阿尔及利亚的殖民统治,并声明反对毛里塔尼亚独立。[48] 蒙罗维亚会议的内容则没有这样激进。该会议的代表国及组成蒙罗维亚集团的国家包括:布拉柴维尔集团十二国以及利比里亚、尼日利亚、索马里、塞拉利昂、多哥、埃塞俄比亚和利比亚。这些国家对泛非机构联合体的构想持谨慎态度,反对建立超国家组织(包括《非洲宪章》建立的大会与执委会),认为这种类型的合作会威胁到每个国家的主权。[49]

这些分歧有时被归咎于先进的左派领导人(卡萨布兰卡集团)与保守政权(布拉柴维尔和蒙罗维亚集团)之间的意识形态纷争,或者是关于非洲统一的具体方式的不同看法。然而除了这些分歧,非洲的政治领袖们仍继续主张稳步推进泛非联合的实现。正如坦噶尼喀朱利叶斯·尼雷尔(Julius Nyerere)总理在一次面向青年活动家们的讲话中强调的:

> 非洲民族国家是非洲统一而非分裂的工具。倘若非洲民族主义与泛非主义不能保持同步,它就是无意义、危险且不合时宜的。[50]

这些在各国之间发展团结的努力促成了1963年在埃塞俄比亚首都亚的斯亚贝巴召开的非洲国家首脑会议。除了在非洲统一的方式上仍存在分歧,与会的30个非洲独立国家成功

---

〔48〕 Legum, op. cit., Appendix 15, pp. 187–188.

〔49〕 červenka, op. cit., p. 140.

〔50〕 J. Nyerere, "An Address to the World Assembly of Youth", quoted in L. Rubin and B. Weinstein, *Introduction to African Politics: A Continental Approach*, 1974, p. 236.

实现了非洲统一组织的成立。[51] 随着非洲统一组织的建立,泛非主义实现了机构层面的具体化,并建立了非洲统一的促进机制,尽管这一机制并未包含泛非主义的全部理念和目标。与此同时,非洲统一组织的成立使泛非主义从一项大众政治运动演变为一个基于国家的机制,这一机制要求实现国家间的合作与咨商,以实现该机制的宗旨与目的。这些目的在亚的斯亚贝巴通过的《非洲统一组织宪章》中得到了明确规定,包括如下内容:(一)促进非洲国家的统一与团结;(二)协调并加强它们之间的合作与努力以改善非洲各国人民的生活;(三)保卫它们的主权、领土完整与独立;(四)从非洲根除一切形式的殖民主义;(五)给予《联合国宪章》与《世界人权宣言》应有的尊重,促进国际合作。[52]

从国际法的角度来看,《非洲统一组织宪章》的通过所引起的最重要变化在于,泛非主义成为国际条约的一部分。该宪章对作为这一非洲大陆组织基本目标的当代泛非运动理念作了表述,明确规定了实现这些目标的法律原则和制度结构。根据《非洲统一组织宪章》,促进非洲统一、非洲附属领地的非殖民化以及为非洲人民实现更美好生活不再只是当初在欧洲召开的一系列会议上通过的决议文字,而是正式成为具有法律约束力的主权国家承诺。[53] 泛非运动从最初支持被奴役、被殖民和被剥夺权利的非裔人民的民间团体活动,转变为一种政府间机制。这一转变最重要的意义在于后者有助于国际造法行

〔51〕 červenka, op. cit., pp. 6–28.

〔52〕 Charter of the Organization of African Unity (hereinafter OAU Charter), 25 May 1963, 479 *UNTS* 39, Art. 2.

〔53〕 Op. cit. footnote 52.

为,并决定了此后将要适用于非洲国家和人民的各类规则的性质和内容。换言之,泛非主义由当初在欧美举行的历届泛非大会所提出的一系列诉求,变为一套反映独立国家意志的规范性提案。[54]

新独立的非洲国家在多个非洲统一组织论坛上承诺要从非洲大陆根除殖民主义和种族隔离,这与泛非主义理念是一致的。1963 年 5 月,在亚的斯亚贝巴通过的关于加强和切实落实这些目标的各项决议被认为与《非洲统一组织宪章》本身同等重要。[55] 例如,关于非殖民化的决议规定了"所有非洲独立国家支持非洲附属地人民争取自由与独立斗争的义务"。[56] 该决议还宣布殖民主义是"对有关领土上合法居民不可剥夺的权利的公然侵犯",要求殖民列强终止在非洲的殖民统治,并警告殖民列强的盟友们"必须在他们和非洲人民的友谊与他们对压迫非洲人民的列强的支持之间作出抉择"。[57] 最重要的是,关于非殖民化的决议规定以坦噶尼喀首都达累斯萨拉姆为总部成立一个九国委员会,一般被称为"非洲统一组织解放委员会"。[58] 该委员会受权建立一个解放基金会,并负责协调对仍处于殖民者或种族主义政权统治下的非洲各国解放运动的援助。

同样,关于种族隔离问题的决议强调了"迫切结束种族隔

〔54〕 See infra, Chapters Ⅲ, Ⅴ and Ⅵ. 这些规范性提议当中的许多内容后来都在一般国际法中找到了一席之地,或成为非洲区域公法的一部分。

〔55〕 červenka, op. cit., pp. 16-23.

〔56〕 Resolutions Adopted by the First Conference of Independent African Heads of State and Government Held in Addis Ababa, Ethiopia, from 22 to 25 May 1963, OAU Doc. CIAS/Plen. 2/Rev. 2.

〔57〕 Ibid.

〔58〕 Ibid., A (10).

离政策”,并呼吁所有与南非存在外交和经济关系的政府与南非“断绝关系并停止任何其他形式的对种族隔离政策的支持”。[59]值得注意的是,为了与在非洲大陆之外召开过的历届泛非大会的传统保持一致,该决议还表示,“所有非洲人民和政府对针对生活在非洲大陆以外国家的群体,特别是美国的非裔群体所采取的种族歧视措施深表关切”,但也补充道,它“对美国试图结束这些令人无法容忍的不法行为的努力表示赞赏”。[60] 对种族歧视的这一关切向外界释放了一个信号:新独立的非洲国家并未放弃泛非运动为所有生活在非洲大陆或侨居海外的非裔人民恢复人格尊严的斗争,并重申了对他们人权的尊重。

《非洲统一组织宪章》和1963年关于非殖民化和消除种族隔离的决议通过后,这个新生的国际组织已崛起为泛非主义(无论是作为一种意识形态还是一项政治运动)的制度载体。然而,正如穆罕默德·贝贾维(Mohammed Bedjaoui)所恰当描述的那样,非洲统一组织只是“泛非主义的一种力图规避风险的形式,与其最初包罗万象的理想大为不同”。[61] 将该组织刻画成泛非主义的一个相对保守的化身,反映出1963年5月在亚的斯亚贝巴呈现的不过是非洲统一的渐进主义与功能主义路径,这与恩克鲁玛及其他泛非联邦主义领导人所主张的更加激进的非洲国家政治统一思想是相对立的。然而,亚的斯亚贝巴会议上确立的渐进式路径并不意味着对泛非主义理念的抛弃,只不过这种理念的实现形式由超国家组织变为政府间机制。即便是恩克鲁玛本人,也并不认为《非洲统一组织宪章》

〔59〕 Ibid., B (2).

〔60〕 Op. cit. footnote 56, B (5).

〔61〕 Bedjaoui, op. cit., p. 17.

采用以主权为基础的实用主义路径宣告了他本人所主张的路径失败。从亚的斯亚贝巴返回阿克拉后,他在国民议会上发表讲话,称赞非洲统一组织的成立是"通往非洲国家联盟之路上的重大里程碑"。[62]

为实现上文所述的目标,《非洲统一组织宪章》确立了七项指导原则。但和当时既有的国际法原则相比,只有第六、第七两项原则,既具有创新性,又的确是建立在非洲统一组织成立之前就已形成的泛非主义理念之上。第六项原则要求"绝对致力于仍处于附属地位的非洲领土的完全解放",而第七项原则则"肯定了与所有政治集团之间不结盟政策"。[63] 相比之下,其他五项原则或摘自《联合国宪章》,或反映了新独立国家的各种关切,包括对其国家地位脆弱性的担忧以及捍卫其主权的愿望。这些原则包括:

所有成员国之间主权平等;不干涉其他国家内政;尊重各国的主权和领土完整,以保卫其不可剥夺的独立生存的权利;通过谈判、调停、和解或仲裁和平解决争端;强烈谴责各种形式的政治暗杀以及针对邻国或任何其他国家的颠覆活动。[64]

尽管非洲统一组织的创始国可能在 1963 年认为上述五项原则是正当的,但是对这些原则(特别是不干涉国家内政原则)的重视,后来却成为非洲统一组织处理一国内部冲突及保护成员国内部人权和民族权的掣肘。

---

〔62〕 Rubin and Weinstein, op. cit., p. 240.

〔63〕 OAU Charter, Art. 3.

〔64〕 Ibid.

非洲统一组织原则的最后一项，即谴责政治暗杀和颠覆活动，很快就因非洲大陆发生的第一起军事政变而被援引。这次政变发生在峰会召开四个月前的多哥，该国首任总统斯尔法纳斯·奥林匹欧（Sylvanus Olympio）在政变中被杀。[65] 然而值得注意的是，虽然《非洲统一组织宪章》对颠覆活动予以谴责，政变和违宪的政府更迭并未被纳入该项原则的范畴。非洲统一组织为解决这个问题花费了近50年时间，在此期间非洲大陆上共发生了100多起政变。1999年，短短一个月内，尼日尔、科特迪瓦、几内亚比绍和科摩罗相继发生了政变。在此之后，非洲统一组织终于通过了《阿尔及尔宣言》，禁止一切违宪的成员国政府更迭并拒绝承认任何通过政变上台的政府。[66]

除了不干涉内政原则之外，《非洲统一组织宪章》还规定了其他传统国际法原则，譬如国家主权平等和尊重成员国领土完整，这两项原则均载于《联合国宪章》。[67] 同样地，和平解决争端原则在《联合国宪章》中也有规定。然而，就非洲统一组织而言，无论是《非洲统一组织宪章》，还是后来各成员国通过的关于解决争端的议定书，都没有提及司法解决方案。[68] 这表明新独立的非洲国家最初并不情愿将他们之间的争端提交司法解决。不过，鉴于越来越多的非洲国家间争端被诉诸国际法院，而且非盟也已决定设立一个非洲法院，这种不情愿似乎

〔65〕 červenka, op. cit., pp. 7, 39.

〔66〕 Declarations and Decisions Adopted by the Thirty Fifth Assembly of the Heads of State and Government in Algiers, Algeria (hereinafter Algiers Declaration), 12 – 14 July 1999, OAU Doc. AHG/Decl. 1 (XXXV).

〔67〕 UN Charter, Art. 1, Chaps. 1, 4.

〔68〕 Protocol of Mediation, Conciliation and Arbitration, OAU Charter, 21 July 1964, 3 *ILM* 1116; OAU Charter.

已得到了克服。[69]

虽然《非洲统一组织宪章》所阐明的大多数原则较容易同传统国际法而非泛非主义理念联系起来,人们却不应忽视这样一个事实:许多泛非主义理念都被纳入了该宪章的序言部分。序言申明,非洲国家深信"所有人民掌握自己的命运是一项不可剥夺的权利",这就将该宪章与人民自决原则联系在一起,这也是泛非主义的基本诉求。[70] 序言中也多次提到了促进非洲人民联合和团结的愿望:"我们共同决定促进各国人民之间的了解和各国之间的合作,以响应巩固各国人民兄弟情谊和团结的强烈愿望,实现超越种族和民族差异的更大规模的联合。"此外,序言还希望"所有非洲国家应就此联合起来,使自己人民的福利与福祉得到保证"。[71] 最后,序言强调非洲统一组织将致力于促进"非洲的总体进步"和非洲人民在人类发展的各个领域的"全面飞跃"。[72] 换言之,《非洲统一组织宪章》序言清晰地表明,该组织成立协议的主要目的和宗旨是促进非洲的联合和团结。

非洲统一组织对泛非主义理念的遵奉主要体现在它致力于让非洲大陆彻底摆脱殖民统治。事实上,它最大的成就正是在非洲大陆解放与非殖民化以及对抗种族隔离和种族主义少数派统治的斗争中扮演了先锋队的角色。但是,非洲统一组织未能在统一非洲大陆、促进非洲人民社会经济发展以及解决肆

[69] Constitutive Act of the African Union (hereinafter Constitutive Act of the AU), 11 July 2000, OAU Doc. CAB/LEG/23.15 (2001), Art. 18.

[70] Preamble, OAU Charter.

[71] Ibid.

[72] Ibid.

虐整个大陆的各国国内冲突等方面取得太大的成就。讽刺的是,非洲统一组织未能实现这些目标是因其自成立时延续下来的两个固有因素造成的。

第一,非洲统一组织被其政治与政策上的妥协所束缚。这些妥协是在该组织成立时为调和不同国家集团针对如何最好地实现泛非主义理念的不同意见而作出的。《非洲统一组织宪章》主要反映了蒙罗维亚集团的观点,即强烈反对创立享有某种超国家权威的泛非机构,而支持建立一个国家间组织,作为讨论共同关心议题的论坛。同时,如上文所述,该宪章包含的某些重要内容也表达了卡萨布兰卡集团促进泛非联合与团结的理念。

第二,新独立的"领土国家"出现,其法律身份与物理边界的构建直接继承自殖民列强的领地划分,这为非洲统一组织的前景打上了坚持绝对主权和不干涉国家内政原则的"威斯特伐利亚"烙印。显然,对非洲统一组织成员国来说,独立之后的当务之急是将独立时既存的边界以内的国家地位巩固下来。这样的态度和前景阻碍了非洲统一组织的运作以及通过该组织推进泛非主义的步伐。

在非殖民化和消除南非种族隔离制度的斗争结束后,非洲统一组织发现自己正面临《非洲统一组织宪章》没有足够能力解决的新挑战,包括非洲大陆内部冲突的扩散及经济增长的乏力。为应对内部暴力冲突的日益猖獗,非洲统一组织于 1993 年通过了《开罗宣言》,建立了一套冲突预防、管控和解决机制。〔73〕宣

〔73〕 Declaration of the Assembly of Heads of State and Government on the Establishment within the OAU of a Mechanism for Conflict Prevention, Management and Resolution, 28-30 June 1993, OAU Doc. AHG/DECL. 3 (XXIX).

言第9节特别承认了内部冲突的后果：

在造成非洲大陆目前社会经济问题的各个因素中，没有哪一个因素的严重性能与正在各国国内或各国之间肆虐的冲突相提并论。这些冲突带来了死亡和苦难，催生了仇恨及民族和家庭的分裂。冲突迫使千百万人成为颠沛流离的难民和无家可归者，剥夺了他们的生计、尊严和希望。冲突吞噬了稀缺的资源，削弱了我们各国解决人民众多迫切需求的能力。[74]

与此同时，非洲统一组织开始思索防止成员国内部发生冲突的策略，也在寻求改善非洲国家之间经济和政治一体化状况的途径。1991年，非洲统一组织通过了《阿布贾条约》，设立了非洲经济共同体，[75]并规定了重启非洲国家经济一体化与合作的措施，这一目标曾在建立该组织的谈判中被搁置。

非洲经济共同体包括以下特别目标：

（一）促进经济、社会和文化发展以及非洲经济的一体化，以增强经济自力更生的能力，促进内生的和自我持续的发展。

（二）在非洲大陆范围内建立一个能够发展、调动和利用非洲人力和物质资源的框架，以实现自力更生的发展。

（三）促进人类活动所有领域的合作，以提高非洲人民的生活水平，维持和加强经济的稳定性，增进成员国之间密切而

〔74〕 Op. cit. footnote 73, para. 9.

〔75〕 Treaty Establishing the African Economic Community (hereinafter Abuja Treaty), 3 June 1991, 30 *ILM* 1241.

和平的关系，并为非洲大陆的进步、发展和经济一体化作出贡献。

（四）调整与协调现有和未来的经济共同体之间的政策，以推动非洲共同体的逐步建立。[76]

《开罗宣言》和《阿布贾条约》都表明，人们试图将非洲统一组织提升到一个新的高度，并增强其解决非洲国家独立后出现的问题的能力。这些法律文件还表明，非洲统一组织机制下设立跨境合作的框架还不足以促进非洲大陆的经济和政治一体化，从而不得不通过泛非层面的其他法律和政策措施加以补强。事实上，非洲统一组织甚至在对自身进行改革时也显得有心无力。例如，到1996年，《非洲统一组织宪章》审查委员会在经历了17年无果而终的会议后最终停止举行定期会议。[77]结果许多成员国强烈要求与非洲统一组织的旧体制框架一刀两断。他们转而寻求建立一个新的泛非组织，希望其能够将非洲统一与经济一体化的旧理念发扬光大，并回应非洲大陆上的人民对民主化与发展的新渴望。

人们决定构建新的制度框架来应对非洲大陆和世界情势变迁，非盟便应运而生。正如新生的非盟委员会临时主席阿马拉·埃西（Amara Essy）所述：

世界已经改变，非洲大陆已经改变，但区域层面的组织机器仍在很大程度上墨守成规，它的机制和运行方式已无法应对

〔76〕 Op. cit. footnote 75, Art. 4, Chap. 1.

〔77〕 T. Maluwa, "The Transition from the Organization of African Unity to the African Union", in Yusuf and Ouguergouz, op. cit., p. 27.

新的挑战。对改变这一现状的承诺促成了非盟的诞生。[78]

2000 年 7 月 11 日，非洲统一组织国家元首及政府首脑大会在多哥首都洛美召开，大会一致通过了《非洲联盟组织法》（以下简称《非盟组织法》——译者注）。在得到 2/3 的成员国批准之后，《非盟组织法》于 2001 年 5 月 26 日正式生效。[79] 新组织的成立，引领着泛非主义进入了促进民主化与发展的新阶段。

第三节　非洲联盟体制下的泛非主义：促进民主化与发展

非盟在许多方面都完全突破了其前身非洲统一组织。具体而言，作为《非盟组织法》基础的目标与原则体现了《非洲统一组织宪章》目标与原则的根本转变，这不仅表现在推动符合泛非主义理念的非洲经济政治一体化方面，同时也涉及对和平与安全、法治、善治、人权和民主的促进。《非洲统一组织宪章》关注的是非殖民化和维护国家主权，而《非盟组织法》则要求非盟代表非洲大陆人民采取集体行动确保对人权和民主原则的尊重。正因如此，非盟才会被视为当代承载泛非运动理念的宝库。

根据《非盟组织法》的规定，新组织目标的数量远多于非洲统一组织，且清楚地反映了成员国想要使非洲大陆组织概念

---

〔78〕 Maluwa, op. cit., p. 30.

〔79〕 Constitutive Act of the AU.

在21世纪发生的量变与质变。非盟目标有14个,而非洲统一组织只有5个。然而真正使这些目标区别于非洲统一组织目标的不是它们的数量,而是它们的质量以及与泛非主义理念更为密切的对应关系。事实上,在《非盟组织法》第3条第1款中,第一项宗旨就表达了"在非洲国家和人民间实现更广泛的联合和团结"的决心,而非如《非洲统一组织宪章》中所言,只是简单地"促进"这种联合。[80] 更重要的是,对"非洲人民"一词的提及意味着泛非主义及其强调共同的民族认同感和归属感的精神回归,而这种认同感与归属感正是实现非洲统一的基础。[81]

类似的旨在加强这种联合的宗旨也反映在第3条第3款中,即意图"加速非洲大陆政治与社会经济的一体化"。[82] 这种"加速"也是对第3条所述目标的补充,即非盟有义务"在现存及未来的区域经济共同体之间进行政策的调整与协调,从而逐渐实现联盟的目标"(第12款),以及非盟应"促进经济、社会和文化层面的可持续发展以及非洲经济的一体化"(第10款)。[83]

除了这些旨在加强该组织在非洲大陆经济和政治一体化方面发挥作用的目标之外,将非盟与非洲统一组织区分开的最显著新目标都与和平、稳定、民主化、善治和人权保护相关。这些特定的目标清晰地表达了非盟的意图,包括"促进非洲大陆的和平、安全与稳定","推动民主原则和制度安排,促进公

---

〔80〕 Constitutive Act of the AU, Art. 3 (a).

〔81〕 Ibid.

〔82〕 Ibid., Art. 3 (c).

〔83〕 Ibid., Arts 3 (j), 3 (l).

众参与和善治”,以及“根据《非洲人权和民族权宪章》及其他相关人权文件,促进与保护人权和民族权”。[84] 此外,这三大目标还表明,非洲国家认识到,没有和平稳定、民众代表、善治以及对人权和民族权的保护,就不可能实现非洲的联合或保障非洲大陆人民的经济和社会发展。

与非洲统一组织不同,非盟始终将这三点目标置于其非洲大陆联合战略行动的中心位置,并将其纳入了旨在实现这些目标的《非盟组织法》的实质性规定中。因此,非盟就和平与安全事宜成立了和平与安全理事会,并达成了一项议定书。[85] 关于民主化与民众的政治参与问题,非盟最近又制定了《非洲民主、选举与善治宪章》,为《非盟组织法》的相关原则和规定提供了额外的支持。[86] 特别是在人权方面,非洲人权和民族权法院宣布成立。[87] 尽管现在评价这些机构和规范性文件的有效性还为时过早,但它们的设立与制定却实实在在地预示着泛非主义理念的逐步实现。

对泛非主义理念同样重要的是《非盟组织法》所确立的新原则,主要包括两类:(一)被国际法所一般承认且在各个国际

---

〔84〕 Op. cit. footnote 79, Arts. 3 (f)-(h).

〔85〕 Protocol on Amendments to the Constitutive Act of the African Union, adopted 11 July 2003, by the 1st Extraordinary Session of the Assembly of the Union in Addis Ababa, Ethiopia on 3 February 2003, and by the 2nd Ordinary Session of the Assembly of the Union in Maputo, Mozambique, on 11 July 2003, Art. 9, reprinted in Yusuf and Ouguergouz, op. cit., Appendix C, p. 543.

〔86〕 African Charter on Democracy, Elections and Governance (hereinafter African Charter on Democracy), 30 January 2007, adopted by the 8th Ordinary Session of the Assembly, held in Addis Ababa, Ethiopia.

〔87〕 Protocol to the African Charter on Human and Peoples' Rights on the Establishment of an African Court on Human and Peoples' Rights, 9 June 1998, OAU Doc. OAU/LEG/EXP/AFCHPR/PROT(Ⅲ).

组织的创始文件中都有收录的原则；（二）反映非洲各国间法律适用的创新性路径以及构成新的“非洲公法”基础的原则。

第一类原则包括在非盟成员国间禁止使用武力、尊重各国独立和领土完整、和平解决成员国间争端、各成员国和平共处以及成员国之间互不干涉内政。[88]

第二类原则包括如下内容：禁止违反宪法的政府更迭；让非洲人民参与非盟组织活动；尊重人类生命的神圣性，谴责和反对有罪不罚行为、政治暗杀、恐怖主义行为和颠覆活动；尊重民主原则、人权、法治和善治；联盟有权在面临严重情势（涉及战争罪、种族灭绝和危害人类罪的情形）时依据非盟大会决议对成员国进行干预；成员国有权为恢复和平与安全向联盟请求干预；促进社会公正以确保经济的平衡发展；促进联盟框架内的自力更生；促进性别平等。[89]

关于第二类原则，我们将在第五章进行分析，具体探讨这些创新性原则在非洲公法语境下的发展，检视《非盟组织法》、非盟其他规范性文件在何种程度上对其进行实质性规定，或者非盟为推动泛非主义理念的实现而采取的政策措施或具体行动在何种程度上对其进行支持。我们还认为这些原则可能会启发非洲大陆以外的国际社会采用类似原则，从而促进普遍国际法的进步和发展。

---

〔88〕 Constitutive Act of the AU, Arts. 3 (b), 4 (e), 4 (g), 4 (i).

〔89〕 Constitutive Act of the AU, Arts. 4 (c), 4 (j)-(l), 4 (m), 4 (o)-(p).

第二章　泛非主义与“欧洲公法”

泛非运动从以海外侨民为主体的草根运动已经演变为有能力参与国际法编纂与发展的国家间组织。倘若我们不反思 20 世纪初泛非主义与欧洲人对国际法解释(当时的学者称为“欧洲公法”)之间的冲突,就不会完整地叙述泛非运动的这一发展历程。虽然早在 1919 年泛非运动就已动员国际社会明确承认自决权,并呼吁对非洲人民人权加以国际性保护,但是这些诉求在当时居主导地位的国际法理论与原则中却没有容身之地。这些理论与原则不仅将非洲人民和他们的政治组织排除在外,甚至还被用于为非洲的殖民统治辩护。这并非我们今天所熟知的国际法,而是国际法的一种欧洲中心论版本,只是其被冠以“国际法”之名而已,有时也被称为“欧洲公法”。

在 1855 年再版的亨利 · 惠顿(Henry

Wheaton)名著《国际法要素》(*Elements of International Law*,后来美国在华传教士丁韪良将其译为《万国公法》,并引介给清政府——译者注)中,作者写道:

世上是否存在一部统一的万国法?显然,世界上所有民族和国家的法律不尽相同。除极少数例外,公法一直且至今仍然仅适用于文明人、欧洲基督徒或有欧洲血统的人。[90]

一代人之后,托马斯·劳伦斯(Thomas Lawrence)在其著作《国际法原理》(1885年版)中总结出如下论点:

一个主权国家必须具备两个特征:政府接受来自社会绝大多数人的习惯性服从,而不对其他任何优势者表示习惯性服从。这样一个国家若想成为国际法的主体,就必须达到一定量的或相当不确定量的文明程度,并拥有一块固定的领土。相应地,一块土地倘若不能达到上述标准,就只能被视为无主地(*terra nullius*)。因此它是一种客体物,而无法成为国际法的主体,在排他性的"万国大家庭"俱乐部中无立锥之地。[91]

---

〔90〕 H. Wheaton, *Elements of International Law*, ed. William Beach Lawrence, 6th ed. ,1929,p. 16.

〔91〕 T. Lawrence, *The Principles of International Law*, ed. Percy Winfield, 7th ed. , 1929,pp. 50-51. 其他欧洲学者也持类似的观点。See G. von Martens, *Precis du droit des gens moderne de l'Europe*, 1831, p. 40. 1831年,乔治-弗里德里希·冯·马顿斯(Georg-Friedrich von Martens)提出:"世界上不存在普遍适用于所有民族的人权。" H. Bonfils, *Manuel de droit international public*, 1894, p. 49. 1896年,亨利·邦费尔斯(Henry Bonfils)声称:"实在国际法形成于欧洲,适用于那些适用基督教观点建立和发展文明的国家之间。这一法律只得适用于那些达到一定文明程度的国家之间的关系。" A. Rivier, *Principes du droit des gens*, 1896, p. 10. 阿尔丰斯·里维耶(Alphonse Rivier)这样描述万国法:"它有时被称为欧洲人的法律,其教义很简单:欧洲是它的发祥地。"

国际公法的上述特征引发了许多问题,对全面了解泛非主义与国际法之间的冲突至关重要:这个被称作“欧洲公法”的国际法版本究竟是什么?它在非洲殖民化进程中扮演了怎样的角色?泛非运动及其意识形态和愿景与“欧洲公法”之间的冲突点究竟在哪里?

第一节 国际法与“欧洲公法”

正如第一章所讨论的,泛非主义兴起于一个十字路口,即海外非裔人民争取平等、平权的斗争与非洲大陆人民结束外来殖民掠夺与统治的斗争的交汇点。这两大运动似乎通过特立尼达和多巴哥人亨利·西尔威斯特·威廉斯的努力而合流。作为在伦敦执业的律师,威廉斯为非洲一些王国和社群的代表提供顾问服务,他们的土地被塞西尔·罗得斯(Cecil Rhodes)的英属南非特许公司(British South Africa Chartered Company)所没收。[92] 在19世纪80年代,罗得斯和他的公司策划了对马塔贝勒(Matabele)及其他非洲王国土地的大范围侵占,从林波波河(Limpopo River)流域直到中非大湖地区,并在第一次马塔贝勒战争(1893—1894)中击败了洛本古拉王(King Lobenguela)。[93] 为回应这一侵犯南部非洲人民土地权利的行为,

---

〔92〕 Padmore, op. cit, p. 117. 乔治·帕德莫尔(George Padmore)认为:“威廉斯与身处英国的西非人群建立了密切的关系,随后便成为若干非洲酋长及其他原住民权贵的法律顾问,这些酋长和权贵曾为与殖民当局相关的政治使命访问英国。”

〔93〕 也有人认为,威廉斯充当了三位来自贝专纳兰(今博茨瓦纳)的茨瓦纳土王的法律顾问。后者当时来到英国向政府请愿,希望他们的领土能够继续由英国殖民当局管治,而非交付给罗得斯的特许公司。See C. Saunders, “From Trinidad to Cape Town: The First Black Lawyer at the Cape”, *Quarterly Bulletin of the National Library of South Africa*, 55(4), 2001, pp. 153-154.

1900年在伦敦举行的第一届泛非大会强烈谴责了殖民主义者和欧洲拓殖者在整个非洲大陆上掠夺土地的行为。对豪取强夺非洲土地行径的辩护基于以下论断：非洲政治实体缺乏主权，非洲文明存在缺陷，以及无主地概念的适用。所有论断无不建立在19世纪“欧洲公法”发展和推动的学说之上。“国际法”理论来自“欧洲公法”或体现其中，得到欧洲各国政府和公法学家的支持，而非洲政治实体被欧洲中心论和重商主义版本的“国际法”视为客体，否定了主体地位。故“国际法”理论与泛非运动为非洲人民及其政治实体争取权利的斗争之间产生了冲突。[94]

早期的欧洲万国法学者，如维多里亚（Vitoria）、苏亚利兹（Suarez）、普芬道夫（Pufendorf）和格劳秀斯（Grotius）等人，大多赞同圣托马斯·阿奎那（St. Thomas Aquinas）的自然法哲学以及罗马帝国时期的法律规则，即“万民法”（*jus gentium*）。[95]然而，18世纪和19世纪学界研究明显转向实证主义，国际法被定义为一种基于国家意志的自愿性法律，它建立在以国家行为为形式的实践、欧洲各国的关系及他们之间订立的条约之上。

---

〔94〕 See C. Alexandrowicz, *The European-African Confrontation*, 1973, p. 6. 亚历山德罗维茨（Alexandrowicz）注意到：“欧洲人来到非洲时，首先带来了基于自然法意识形态的万国法观念，而自然法在19世纪时就已开始衰落，逐渐让位于实在法。实证主义抛弃了经典万国法的部分基本特质，特别是万国法无论信仰、种族、肤色与地域如何皆普遍适用于各民族的原则（不歧视原则）。国际法缩水成为一个欧洲中心主义的版本，将其理念强加给非欧洲国家，包括将战争及非军事压迫行为认可为主权权利。它还对非欧洲文明体加以歧视，和殖民主义共同成为一种政治潮流。”

〔95〕 See generally S. Pufendorf, *De Jure Naturae et Gentium*, 1672. 关于近年来有关万民法的研究，参见 A. A. Cançado Trindade, *International Law for Humankind*, Vols. Ⅰ and Ⅱ, 2006。

国际法的实证主义概念在欧洲的发展弱化了“所有人民均构成国际社会一部分”这一普遍性观念，[96]后者曾为早期欧洲自然法和万民法学者所支持。[97] 相反地，一种狭隘的欧洲中心论观点发展起来，这种观点基于实证主义的意识形态和学说——“倾向于将自己投射到过去，仿佛过去并不存在其独有的意识形态和法律学说”。[98] 这种观点还将欧洲各国间的实践与条约视为国际法的决定性构成要件。这个欧洲的“创始人俱乐部”专横地将接受其他国际大家庭成员的权利留给自己，而国际法（或更确切地说，是欧洲中心论的“欧洲公法”）只对这些家庭成员适用。有两个基本概念被普遍用于将其他民族排除在国际大家庭之外：一是国家承认理论的“构成说”，该学说认为，除非一个国家从欧洲大国手中获得了“出生证明”，否则它不会被认为拥有主权和独立地位；二是主观性“文明标准”，该标准使那些拥有和欧洲列强不同宗教信仰和文明的国家被边缘化并被列入野蛮人的行列，从而无法成为国际法的适格主体。[99]

欧洲公法学家将国际法定性为国家间的“欧洲法”，这可能给人造成了一种印象：这种国家间的规范性体系从未存在

---

〔96〕 See von Martens, op. cit. , p. 40.

〔97〕 See Cançado Trindade, op. cit. , pp. 9–29.

〔98〕 See C. Alexandrowicz, “The Afro-Asian World and the Law of Nations:（Historical Aspects）”, *Recueil des cours*, Vol. 123, 1960, p. 125. 亚历山德罗维茨注意到：“国际大家庭一开始就被限制在一块大陆上，欧洲国家组建了一个‘创始人俱乐部’，垄断了准许其他成员加入大家庭的权利。”

〔99〕 See W. E. Hall, *International Law*, 7th ed. , 1917, p. 40. 哈尔（Hall）认为：“几乎毋须赘言，国际法是现代欧洲特殊文明的产物且形成了一套高度人工化的体系。这套体系的原则不能被其他不同文明的国家所理解或认同，因此只能假定这些国家从属于这套体系，成为该特殊文明的继承者。”

过，或从未在欧洲以外存在过。然而，欧洲以外国家之间国际法律规则的建立时间甚至比欧洲本身存在的时间都要早得多，它们在规范那些国家之间的关系方面一直持续性地发挥着作用，并且在相当长的一段时间内巩固着那些国家之间的实践。例如，我们可以参考威廉·马丁（William A. P. Martin，即丁韪良，美国基督教长老会传教士，《万国公法》译者，与清朝洋务派官员过从甚密——译者注）对中国春秋战国时期国家间制度与规则的描述，[100]他将这些规则比作现代国际法规则。我们还可以参考中国台湾地区台北故宫博物院展出的文物西周散氏盘上镌刻的条约，这段铭文记录了西周（约公元前 9 世纪至公元前 771 年）晚期散、矢（音 cè——译者注）两个相邻诸侯国之间领土争端的解决，充分解释了争端解决方案以及周王朝境内各方参与的联合调查所依据的原则，并展示了这些土地的地图以及矢人誓约的场景。[101] 同样地，在伊斯兰世界，公元 1240 年左右，法学家穆罕默德·伊本-哈桑·谢巴尼（Mohammed Ibn-Hassan Al-Shaybani）先后撰写了关于伊斯兰国际法的著名论著《大则》（Kitab al-Siyar al-Kabir）与《原理之书》（Kitab al-Asl），将国际法作为一种自我包容的机制，希望其能够得到普遍适用。[102] 尽管这些非欧洲国家间的实践或许对国际公法作出了自己的贡献，但总的来说，19 世纪恰逢欧洲国家成为人类历史上最强大势力的时期，他们对国际法的发展施加

---

〔100〕 See T. Wang, "International Law in China: Historical and Contemporary Perspectives", *RCADI*, 1990, pp. 199-367, citing W. A. P. Martin, "Traces of International Law in Ancient China", 1881.

〔101〕 National Palace Museum of Taipei, San P'an, last accessed 4 December 2013, http://www.npm.gov.tw/en/Article.aspx?sNo=04001043.

〔102〕 M. Khadduri, *The Islamic Law of Nations: Shaybani's Siyar*, 1966, pp. 4-6, 38-57.

了霸权的影响。欧洲实证主义学者和政府通过适用“文明标准”及引诱他国加入“欧洲协作”（英文 Concert of Europe，法文 le concert de l'Europe 或 le Concert européen，指 1814 年维也纳会议至第一次世界大战前欧洲主要国家通过间歇性的多边国际会议形成的一种相对稳定和持续的国际问题协商机制——译者注）等手段，试图规范和控制自己版本的国际法（“欧洲公法”）适用于其他国家的方式。

欧洲法律学者还通过宣扬“欧洲公法”的概念和规则为欧洲国家的帝国主义扩张及后来对亚非各国的殖民统治辩护。例如，洛里默（Lorimer）在其 1883—1884 年的著述中写道，人类已被划分为三大类，即“文明人”、“野蛮人”和“野人”。〔103〕冯·李斯特（von Liszt）也将人类分为“文明人”、“半文明人”和“不文明人”。〔104〕无论是“半文明人”、“野蛮人”还是“不文明人”，都被排除在国际法的范畴之外，这意味着他们的土地可以被欧洲各国的“文明人”征服、占领或以其他方式统治。这些作者还声称，“不文明人”或“野蛮人”组成的实体不属于欧洲基督教国家这个“迷人的圈子”（charmed circle），他们缺乏只有“文明国家”才拥有的主权。然而，尽管这些作者大多使用了“国际法”的标签，但他们的著述主要涉及的是当时欧洲列强内部盛行的“欧洲公法”，并没有考虑或尽些许努力去理解非欧洲国家的实践和法律。卡尔·施密特（Carl Schmitt）认为：

---

〔103〕 J. Lorimer, *The Institutes of the Law of Nations*, 1883-1884, Vol. 1, p. 101.

〔104〕 F. von Liszt, *Le droit international*, trans. G. Gidel, 1927, p. 16. 对后来欧洲公法理论发展的预测基于这样一种假设：“国际法诞生的必要条件是若干力量大体相等的国家的和平共处，这些国家团结在一个文明与利益的共同体之下，彼此之间能够建立活跃而长久的关系。”

国际法的概念就是一种特定的欧洲国际法……这个时代伟大的英语和法语作品都包含着文明的欧洲中心论，并将文明人、半文明人和野蛮人区别对待。但他们将这个问题留在了特定的历史背景中……将他们的著作冠以"国际法"或"万国法"之名。[105]

由于19世纪的国际法被欧洲列强认为只存在于"基督教国家"或欧洲的"文明国家"之间，是否承认这个圈子之外国家的主权和独立，以及如何判断国际法规则对这些国家的适用性，便完全取决于"欧洲协作"集团成员国的意愿。尽管早期的自然法学者（如普芬道夫）支持这样的观点：

正如……一个国王不会将自己的主权与威仪交付给王国以外的人，在他像国王一样并被认为是国王之前，无须获得其他国王或国家的同意或认可……要一个国王接受外国人的质询，不啻于是对其主权的伤害。[106]

19世纪的唯意志论法律学者则断言："只有得到承认，一个国家才能获得国际人格，成为国际法的主体。"[107]得不到自诩"创始人俱乐部"的承认，国家就会始终游离于国际大家庭之外。该集团对这些不受承认的国家的所作所为便不受欧洲

---

[105] C. Schmitt, *The Nomos of the Earth in the International Law of the Jus Publicum Europaeum*, 1950, trans. G. Ulmen, 2003 p. 228.

[106] S. Pufendorf, *De Jure et Naturae Gentium Libri Octo*, trans. C. H. and W. A. Oldfather, 1934, Bk. Ⅶ, Chap. 3, p. 1009.

[107] L. Oppenheim, *International Law*, 1st ed., 1905, Vol. 1, p. 110.

国际法规则的拘束。托马斯·霍兰德(T. E. Holland)将这一体系描述为:

> 国际大家庭是国家的总和,它作为各国历史经验的产物,继承了共同的文明,并在伦理道德和政治理念方面位于相似的水平。这个术语可以说囊括了欧洲基督教各国以及他们在美洲的旁系国家,再加上奥斯曼帝国,其已被1856年的《巴黎和约》承认为"欧洲协作"的一员。日本也早已充分发出了被吸纳为文明国家一员的诉求。在这个圈子里,根据国际法理论,所有国家一律平等。而在这个圈子之外,没有一个国家被视为拥有完全正当的国际人格,即便是像中国或波斯这样强大而文明的国家也不例外。[108]

为了将奥斯曼帝国置于"欧洲公法"的保护之下,1856年3月30日缔结的《巴黎和约》不得不加入一个特别条款。该条约第7条将奥斯曼帝国列为"被准许参与分享欧洲公法与欧洲协作利益的庄严朴特(Sublime Porte,专指土耳其苏丹的对外宫廷,也常用作奥斯曼帝国政府的代称——译者注)"。[109] 尽管得到了承认,奥斯曼帝国仍被迫接受城下之盟并放弃其部分主权。另外,日本也只是在日俄战争中击败沙皇俄国之后才获准进入这个"文明国家"的高级俱乐部。[110] 奥本海(Oppen-

---

[108] T. Holland, *The Elements of Jurisprudence*, 13th ed., 24, p. 396.

[109] Congrès de Paris, Art. Ⅶ, reprinted in E. Gourdon, *Histoire du Congrès de Paris*, 1857, p. 10.

[110] 一位日本外交官因此认识到:"当我们展示了和你们同等精良的科学屠杀技术之后,立即就被你们当作文明人请上了议事桌。" Quoted in B. Röling, *International Law in an Expanded World*, 1960, p. 27.

heim)在对唯意志论法体系下的国家承认进行阐述时,强调宗教的作用,特别是"基督教与生俱来的名分"对主权国家的准要求。

除了土耳其和日本,所有非基督教国家的立场都值得怀疑,如中国、朝鲜、暹罗和波斯,甚至还包括本身就是基督教国家的阿比西尼亚。这些国家的文明本质上与基督教国家是如此不同,以至于让他们与基督教国家进行同等水平的国际交往迄今为止是不可能的。他们的政府和人民目前尚无法充分理解万国法,也未采取符合所有万国法规则的立场。毫无疑问,在国际大家庭中,这些国家都不具备和基督教国家相同类别的国际人格和国际地位。[111]

倘若不考虑这一法律制度的实施对"迷人的圈子"之外国家的殖民统治产生过怎样实质性的影响,上述史实在今天不过是一堆与历史相关的谈资而已。"欧洲公法"的基本概念和规则为殖民统治提供了法理辩护,并赋予了欧洲人征服他国土地的权利,其结果就是被征服的人民遭受了重大的苦难和压迫。具有讽刺意味的是,这种殖民统治却被描绘成是造福被征服的人民和国家的行为。正如约翰·斯图尔特·密尔(John Stuart Mill)所认为的那样:"仍处于野蛮状态的民族尚未超越这一历史阶段,即有可能为了自己的利益,他们应当被外国人征服和支配。"[112]这个自诩为"文明国家"的集团的专属公法赋予了

---

[111] L. Oppenheim, *International Law, A Treatise*, 1905, pp. 147-148.

[112] J. Mill, "A Few Words on Non-Intervention", in *Dissertations and Discussions*, 1867, Vol. 3, p. 167.

欧洲殖民列强对那些被视为“野蛮人”或“不文明人”的民族进行支配和殖民的合法权利，也使他们认为自己有权在争夺非洲的过程中追求重商主义的目标。19 世纪下半叶，掠夺真正开始了。[113] 结果是，非洲各国人民，无论是帝国、王国、酋长国还是城邦，全都丧失了主权和独立，并最终失去了决定自己命运的权利。[114]

第二节　“欧洲公法”与非洲的殖民化

同样地，早期欧洲列强对美洲的征服和占领也是以传播基督教的权利为旗号进行的，正如维多里亚所言，在异教徒的领地上，基督徒在主权和商业上的权利是普遍的。[115] 在 19 世纪下半叶，“文明标准”和“文明使命”被奉为占领非洲人领土的理论基础。无论采用哪一个术语，这种辩护之词都是掩饰帝国扩张和重商主义目标的幌子。查尔斯·所罗门(Charles Solomon)认为：“没有一个词比‘文明’更模糊而允许人们以它之名犯下更大的罪恶。”[116] 所罗门的观点并不一定是对殖民主义的谴责，但的确澄清了一个事实：“文明标准”是为商业目的而非人道主义目标辩护的。

同时代的另一位欧洲学者、意大利人帕斯夸莱·菲奥雷

---

[113] See C. Alexandrowicz, *The European-African Confrontation*, 1973, pp. 23-94.

[114] 沃尔特·罗德尼(Walter Rodney)认为：“殖民主义短时间内的跋扈……主要源自非洲失去了力量这一事实……拥有独立行动的力量是积极自觉地参与历史进程的保障……一夜之间，非洲各政治实体就丧失了自己的力量、独立和存在的意义。” W. Rodney, How Europe Underdeveloped Africa, 1972, pp. 224-225.

[115] See generally F. de Vitoria, *De Indis et De lure Belli Relectiones*, trans. J. Bate, 1917.

[116] C. Salomon, *L'occupation des territoires sans maître*, 1899, p. 195.

(Pasquale Fiore)更是将自己的著作命名为《基于现代文明需要的新国际公法》,[117]并将"无主地"一词定义为:"特定人群定居的土地,其文明程度……并不先进,且其政治组织形式并不符合西方标准。"[118]

根据这一定义,"无主地"这个源自罗马私法、最初适用于无人居住的土地的概念,就这样被延伸到了非洲的帝国、王国和其他国家身上。仅仅是因为欧洲列强认定他们是"野蛮人"或"不文明人",他们的领地就被"欧洲公法"视为可供占领的无人定居之地。

根据上述学者和他们的政府所适用的"欧洲公法",与欧洲国家统治方式迥异的非欧洲政治实体被认为缺乏只有欧洲"文明"国家才享有的主权。[119] 然而,对非欧洲国家内部治理结构的这种武断的评价与社会、政治组织形式并无多大关系,即便是欧洲列强自己也不能否认这一点,因为他们经常要与皇帝、国王、苏丹及其他传统的非洲国家领导人打交道。相反地,将非洲国家称作"野蛮人"或"不文明人",意在强化对其主权和国家地位的否定,并消除征服或占领其领土过程中的一

---

[117] P. Fiore, *Nouveau droit international public suivant les besoins de la civilisation moderne*, 2nd ed., 1885.

[118] See Western Sahara, *Advisory Opinion*, *ICJ Reports* 1975, p. 86 (Judge Ammoun, separate opinion).

[119] See J. Westlake, *International Law*, 1904, Pt. 1, p. 40. 威斯特莱克(Westlake)观察到:"国际社会通过对观点的控制发展国际法,通过非常规的任意性手段实施国际法,并接受或声称接受国际法对其所有成员的全面适用。这样的国际社会是由所有继承了欧洲人血脉的国家构成的,包括所有欧洲和美洲国家,仅有的两个例外是土耳其和日本。在欧洲和美洲以外,还有三个基督教国家,即阿比西尼亚、利比里亚和刚果自由邦,被认为处于国际法的适用范围之内,但它们通常不被列入能够对国际法的发展和实施有所贡献的国家。阿比西尼亚的文明相对落后;利比里亚是个小型共和国;刚果自由邦之所以能被视为基督教实体,是因为其主权属于比利时国王,尽管邦中的居民都是非洲人和异教徒。"

切障碍。

正如乌莫祖利克(Umozurike)所述:

> 殖民者们一致认为,非洲社群是不受法律保护的“客体”。的确,将欧洲人适用于非洲人的法律称作“欧洲殖民法”可能更适合,因为究其本质,国际法应当且确实是保护所有人民的,无论其种族、信仰、宗教或肤色如何。[120]

问题在于,这些欧洲列强坐拥比非洲人更优越的坚船利炮,已然能轻易地通过武力征服大部分土地,为什么还要寻求这样的法律借口为自己辩护?有两个原因或许可以解释他们为何更看重法律策略而非武力冲突。

首先,对欧洲国家来说,先占领土地,然后利用精心设计的假割让条约彻底取得这些土地,在经济上比单纯使用武力更有效率,除非非洲国家察觉到了这些殖民伎俩的虚情假意并予以坚决抵抗。

此类抵抗的显著案例,当属今日津巴布韦境内的马塔贝勒国以及埃塞俄比亚在19世纪保卫家园免受殖民者侵占的战斗,以及19世纪70年代晚期祖鲁酋长们反抗英国殖民当局的斗争、1904年赫雷罗人(Hereros)反抗德国占领军的斗争等。同样地,20世纪20年代初期,索马里的苏丹们和民族主义领袖们也对殖民宗主国(意大利和英国)发动了保家卫国的战争,尽管以失败告终。

---

〔120〕 U. Umozurike, “International Law and Colonialism in Africa”, 3 *Eastern Africa L. Rev.* 47, 1970, p. 81.

其次，欧洲国家之间在争夺非洲领地方面的竞争和敌对行为使其有必要制定一定的行为规则和标准，以防止竞争国之间发动公开的战争，此类行为规则和标准就是“欧洲公法”的主干。当时，欧洲各国政府的帝国主义政策与公法学家的著述之间相互影响和支持，特别是当涉及殖民占地问题时，从相关著作与外交部门的信件中都可以发现这些迹象，学术意见和国家实践在这一领域似乎明显达成了一致。例如，剑桥大学的英国教授约翰·威斯特莱克（John Westlake）注意到，对国际法原则的反思“有助于放大一国意见的音量以确定其行为”，[121]然后他进一步解释由“不文明的当地人”居住的地区不享有主权，因此：

欧洲国家对某个不文明地区享有主权须有正当性依据……该依据不是与当地人签订的条约，而是其性质与遵循文明世界所认可的条件。[122]

反之，欧洲各国政府依靠这些学者提出的意见和法律学说来为自己从其他国家特别是非洲攫取领土进行辩护。1884 年 11 月 8 日，法国外交部长寄给法国驻德国大使、法国出席柏林会议（1884—1885）的代表阿尔丰斯·德·库塞尔男爵（Baron Alphonse de Courcel）一封信，信中作了如下指示：

我们认为，在这个问题上必须明确的原则仍有待确定。根

[121] J. Westlake, *Chapters on the Principles of International Law*, 1894, p. V.

[122] Ibid., p. 145.

据学者们普遍接受的原则，一国可以通过取得其占有土地上的宗主权获得这块土地，无论这块土地是空置的还是属于野蛮人部落，只要这种占有是有效的，即伴随着相当于政权组织开端的某些行为。仅仅在土地上竖旗、安置旗杆和徽章等事实并不足以创设或支持一国在这片土地上的专有权。[123]

欧洲诸强都对非洲大陆的土地垂涎三尺，他们或他们的探险家、传教士和特许公司对各种权利的主张也亟待调和。这种关系的规范极其重要，需要制定具体的行为规则。随着19世纪后半叶对非洲领地的争夺愈演愈烈，1884年欧洲殖民列强齐集召开的柏林会议确立了获取非洲领土的基本规则。1885年2月，会议通过一项一般性法案，法案第6章载明了“关于非洲大陆沿岸新占领土有效取得必须遵守之基本条件的声明”。

该章包括两个条款。第34条规定：

任何大国，无论今后在其既占领地之外的非洲大陆沿岸再占有一片土地，还是迄今尚无既占领地而欲获取土地，抑或在非洲拥有保护地，应将相关行为告知本法案的其他签字国，以使他们能够在必要时使其自身诉求得以保障。[124]

第35条也规定：

---

[123] Archives du Ministère français des affaires étrangères, *Mémoires et documents*, *Afrique*, t. 109, cote 87.

[124] General Act of the Conference of Berlin (hereinafter General Act of the Conference of Berlin), reprinted in *American Journal of International Law*, Vol. 3, No. 1, Supplement: Official Documents (1909), p. 24, Art. 34.

本法案签字国承认其有义务确保他们在非洲大陆沿岸所占领的地区建立足以保全其现有权利的权威，且根据具体情形，根据他们之间商定的条件保护贸易与过境的自由。[125]

由此可见，欧洲列强确立了用于规制他们之间与非洲土地占领相关的两大标准：互相告知的义务，以及在各自占领区建立有效权威的义务。这种告知不仅涉及对某些土地的占领，还包括列强和非洲当地统治者之间缔结的保护协定。然而，无论是占领协定还是保护协定，都并非基于国际法的通常意义，而是基于"欧洲公法"服务于殖民统治的目的。在国际法院"西撒哈拉案"咨询意见中，凸显了一般国际法原则与"欧洲公法"视角下构建的原则之间的不一致性：

法律上的"占领"是和平取得领土主权的原始手段，而非割让或继承。有效"占领"的基本条件是占领的土地必须为无主地，即该土地在被声称构成"占领"的行为发生之时不属于任何人。[126]

对在1884年柏林会议上瓜分非洲的殖民列强以及那些著书立说支持他们帝国主义计划的公法学家来说，这种细微的差别毫无意义。非洲的土地，无论是否有人居住，都可以被欧洲"文明"国家有效地占领。一个更重要的、对被占领土能否获得合法地位起决定性作用的标准是，有效占领要求欧洲殖民者

---

〔125〕 Ibid. , Art. 35.

〔126〕 *Western Sahara*, *Advisory Opinion*, *ICJ Reports* 1975, p. 39, para. 79.

在被占领土上能够有效行使权力。

通过类似的方式,欧洲人在非洲确立了保护地制度,其不同于欧洲类似的法律机制(如意大利保护国圣马力诺、西班牙保护国安道尔和法国保护国摩纳哥)。举例来说,奥本海区分了两种非洲保护地。一种是欧洲国家的保护国,即“非基督教国家,欧洲文明不会承认他们具有充分的资格成为国际大家庭的一员”。另一种保护关系则是“欧洲国家通过与非洲部落酋长签订条约确立的,而相关领土会被保留给所谓的保护者供其未来占领之用”。[127] 奥本海认为,前者包括法国在突尼斯和摩洛哥的保护地,而类似英国对埃及和桑给巴尔的保护行为“在许多情况下不过是占领的第一步,尽管并不全是如此”;而后者则囊括了几乎所有其他的非洲保护地,这种保护“实际上……总会导致领土兼并,除非受保护国能成功地通过武力摆脱这种保护关系,就像 1896 年阿比西尼亚摆脱意大利的虚伪保护那样”。[128] 威斯特莱克也指出:“在不文明地区施行的保护地制度为最初阶段的领土取得提供了更大的自由。”[129]

柏林会议对领土取得原则的曲解及会上非洲代表的缺席,清晰地表明那些济济一堂规划着在非洲“发展商业和文明”的人,并非把非洲国家视作潜在的合作伙伴,而只是征服和占领的对象。[130] 与会的美国代表约翰·卡森(John A. Kasson)——他的国家并没有像参加集会的欧洲列强那样对非洲

---

[127] L. Oppenheim, *International Law: A Treatise*, ed. R. Roxburgh, 3rd ed., 1920, pp. 168-169.

[128] Oppenheim, op. cit., p. 169.

[129] Westlake, op. cit., p. 184.

[130] Preamble, General Act of the Conference of Berlin, p. 7.

抱有帝国扩张的野心——对关于领土取得的两个条款发表了如下评论：

> 现代国际法紧密遵循的一个立场，就是承认原住民部落有自由支配自己和世袭领地的权利。按照这一原则，(他的政府)会很乐意坚持这样一条……规则……基于的原则是对他国的占领应得到原住民的自愿同意，只要他们没有诉诸……侵略。[131]

然而，大会主席暨德国外交次长布施(Busch)先生却对卡森先生的言论给予了消极的回应，认为这些观点“触及了敏感问题，因此会议不愿发表任何意见”。[132]

柏林会议对这种“有效占领”概念的支持成为欧洲国家对非洲领土诉求的基础。三年后，即1888年9月，国际法研究院(Institut de droit international，成立于比利时根特的民间国际法研究组织，现总部位于日内瓦——译者注)在洛桑举行会议，就该协会中一名成员提交的有关领土占领的报告展开讨论。报告员是一位德国教授斐迪南·马蒂斯(Ferdinand Martitz)。就占领非洲领土的问题，他提出：“所有被视为无主地的区域都不能有效地拥有主权……无论这一区域是否有人居住。”他还表示：“野蛮或半野蛮民族的主权是一种夸张的说法。”[133] 然

[131] Quoted in Westlake, op. cit., p. 138.

[132] Westlake, op. cit., p. 138.

[133] F. Martitz, "Occupation des territoires-Rapport et Projet de Résolution présentés à l'Institut de droit international", 19 *Revue de droit international et de législation comparée*, 1887, pp. 373-374.

而,由于若干成员的反对,他对无主地的定义未能得到研究会的支持。[134]

研究会最终就领土占领事宜通过一项决议,其中并未包含无主地的定义,且仅限于阐明承认欧洲大国对非洲土地占领的标准,这与柏林会议上制定的标准相同。研究会决议并未提及非洲,只是声言要制定承认被占领土的一般规则,而不具体说明哪些领土可以被占领。决议第 1 条规定:

> 占领地的主权只有在满足以下条件时方可得到承认:对一方土地的占有不可逾越以政府名义设定的限制条件;占有需经官方告知。
>
> 占有应通过建立一个负责任的地方当局来实现,该当局有足够的手段维持秩序并确保在被占领土范围内能够日常行使权力。这些手段可借鉴自占领国本土现有机构的做法。
>
> 占有的告知可通过各国官方法案或外交渠道公开宣示的方式实现。告知应包含对被占领土边界的大致确定。[135]

---

[134] 例如,恩格尔哈特(Engelhardt)对此评论道:“究竟何为‘人权共同体’? 在何种情况下一个国家可被认为属于人权共同体的一部分? 一个接受大部分人权规则但拒绝少部分规则的国家会处于怎样的状况? 譬如,至今尚未禁止奴隶制的摩洛哥是否属于人权共同体? 阿比西尼亚、桑给巴尔苏丹国同摩洛哥的情况类似。还有其他一些社群,尽管不属于人权共同体,但依旧是值得尊敬的国家,比如西班牙征服时期的美洲国家。还有一些从某种角度来说属于野蛮人的民族,绝对不属于人权共同体,但将他们的土地视为‘无主地’也未免过分。譬如,位于达荷美与尼日尔某附庸国之间、拥有 200 万人口的埃格巴的情形,就值得从这个角度加以研判。”*Annuaire de l'Institut de droit international*, 1888-1889, pp. 177-178.

[135] Institut de droit international, “Projet de Déclaration internationale relative au droit d'expulsion des étrangers” (hereinafter Lausanne Resolution), 1888, available at http://www.idi-iil.org/idiF/resolutionsF/1888_lau_01_fr.pdf.

尽管决议第 2 条将第 1 条规定的适用范围延伸到了保护地制度,其并未对"保护地"一词作明确定义。[136]

研究会决议在很大程度上反映了柏林会议一般性法案所声明的欧洲各国在非洲领土取得问题上的实践。对于柏林会议确定的规范欧洲国家在争夺非洲领土过程中相互之间关系的规则,决议也试图从一般性抽象法律条款层面对其加以编纂,如一般性法案中所规定的"占领"和"告知"的两大条件。因此,虽然这项决议是作为一套"国际法"规则而获得通过,但它实质上仍是"欧洲公法"的一部分,仅规范欧洲国家间的关系,而不适用于非欧洲国家。决议没有提及欧洲国家同非洲当地国王、酋长和其他统治者缔结的领土割让条约,证明了当时的欧洲学者和政府并不承认此类条约作为各方权利义务的来源。甚至一些已经得到某些欧洲国家议会批准的条约,[137]也只有在被用作抗辩竞争对手的占领证据时,才被认为具有"欧洲公法"范畴内的效力。欧洲国家与非洲主权者之间缔结的保护条约被排除在"欧洲公法"适用范围之外,同样地,领土割让条约在该法范畴内也被视为无效,因为非洲地方统治者被认为没有主权。然而这就引发了一个问题:既然非洲主权者本身并不拥有主权,他们又何以将这种领土主权割让给他国?

尽管被用于掩饰欧洲列强在非洲和其他地方的帝国主义野心,以及为通过非正常方式获得领土的行为辩解,"欧洲公

---

〔136〕 Ibid.

〔137〕 See Treaty of Amity and Commerce, 2 May 1899, Abyssinia-Italy, British and Foreign State Papers, Vol. 81, p. 733 (known as the Treaty of Wuchale/Uccialli); Treaty with the King of Lagos, for the Cession of the Port and Island of Lagos to Great Britain, 6 August 1861, 11 *Hertslet's Commercial Treaties*, 1840, Africa (South Coast), p. 41.

法”规则及欧洲公法学家的著作并非始终赞同以野蛮方式推行殖民政策。国际法研究院的决议中包含了若干项旨在保护当地居民权利的规定，特别是他们的私有财产权。例如，决议第4条规定：“禁止一切灭绝土著部落的战争以及所有不必要的严刑和酷刑，即便是作为一种报复手段。”[138]然而，无论是对德皇威廉二世1904年10月针对西南非洲赫雷罗人下达的“灭绝令”（vernichtungsbefehl），[139]还是对比利时国王利奥波德（Leopold）1890—1907年在刚果造成大规模暴行和广泛屠杀的受害者而言，[140]这一规定都没有起到任何作用。关于禁止针对非洲民众的大屠杀、种族灭绝和大规模暴行的规定，也从未从当时规范欧洲国家间关系的法律中获得效力。不过，自由主义学者的学说观点与立场被证明对泛非运动发挥了重大的助益，侨居海外的非洲人以及土地被殖民者抢掠的非洲本地王国和民众的代表们不断地呼吁，以唤醒欧洲自由主义者和人道主义者的良心，后者也并不赞同他们的政府在殖民活动中采取的压迫手段。

第三节 泛非主义与“欧洲公法”冲突的早期迹象

20世纪伊始的泛非运动以及在伦敦召开的首届泛非大会关注的重点在于欧洲媒体和政界热议的非洲殖民化的消极效果和负面影响。强制性统治和土地征用司空见惯，对抵抗占领的民众进行大屠杀的现象亦是如此。在大西洋两岸，泛非主义

[138] See Lausanne Resolution, Art. 4; see also Arts. 5-8.

[139] A. Hochschild, *King Leopold's Ghost*, 1999, p. 282.

[140] See generally, Hochschild, op. cit., p. 282.

法律人成为反对土地没收、反对强行适用于非洲国家和人民的“欧洲公法”的政治法律运动领袖。

早在1890年,曾到访刚果的非裔美籍律师、记者乔治·华盛顿·威廉斯(George Washington Williams)就给利奥波德国王写了一封公开信。根据霍克希尔德(Hochschild)的说法,威廉斯在信中“预计国际刚果抗议运动可能引发的诉讼可持续逾十年之久”。[141] 这封公开信接下来被印刷成一本小册子,在欧美广为流传。霍克希尔德描述道:

> 尽管到1890年,针对利奥波德统治下的刚果领地的零星批评已经在欧洲公开,但这些批评大部分都集中于国王对外国商人的歧视问题上。威廉斯则关注的是人权问题,他也是有史以来全面系统地对利奥波德的殖民政权进行控诉的第一人。[142]

在公开信之后,威廉斯又紧接着发表了《致美利坚合众国总统关于刚果国家的报告》。在报告中,威廉斯呼吁“暴虐残忍的[利奥波德国王所谓的“刚果自由邦”(the Congo Free State)]政府应被一个由本地人而非欧洲人组成的、国际化而非国家化的、正义而非残酷的新政权取而代之”。[143] 他同时致信美国国务卿,指控利奥波德国王在刚果的统治触犯了“危害人类罪”。[144] 鉴于这些信件写于纽伦堡审判的半个世纪前,威

[141] Hochschild, op. cit., p. 109.

[142] Ibid.

[143] Ibid., p. 111.

[144] Ibid., p. 112.

廉斯应当被认定为“危害人类罪”这一术语的最早使用者之一,该术语同时也与非洲奴隶贸易相关联。[145]

事实上,威廉斯的指控由来已久。1885 年柏林会议后不久,利奥波德国王就发布了一系列关于刚果自由邦的王室法令,其中一则法令宣布刚果境内所有“空置土地”成为比利时王国的财产。该法令并没有界定什么叫“空置土地”,也没有提及刚果境内的公共土地所有权问题。利奥波德国王大笔一挥,就在事实上废除了非洲人对自己土地的权利以及作为刚果土地习惯法基石的社群土地公有制。然而,由于利奥波德国王自己没有财力去开发所有土地,因此额外颁布了法令,授予私人公司特许状,而这些私人公司又依靠比利时王国的优势实施对刚果所有产品的合法垄断。

威廉斯的指控后来得到了罗杰・凯斯门特(Roger Casement)的支持和进一步证实。他是英国 1900—1903 年驻刚果自由邦领事,为英国外交部准备了数份有关利奥波德在刚果残酷统治的报告,特别涉及在象牙和天然橡胶采集领域广泛使用强迫劳力的问题。凯斯门特还提到了利奥波德国王的武装“公共力量”(*force publique*)犯下的暴行,包括整筐被砍掉的人手,以及屠杀全村居民之后又将整个村庄付之一炬的行径:

大湖区的状况特别糟糕……我所熟知和到访过的所有村庄和地区,在 1887 年时还人丁兴旺,如今却已空无一人;其他地区也只剩下少数老弱病残或奄奄一息的人们,他们谈论政府

---

[145] 1860 年,美国共和党全国代表大会推举亚伯拉罕・林肯为总统候选人,并发表如下声明:“我们认为,最近在我们国旗的掩护下、在堕落的司法权力援助下重启的非洲奴隶贸易,是一种反人类的犯罪行为。” M. Halstead, *Caucuses of* 1860, 1860, p. 139.

的时候都说："白人是不是再也不回家了？这种日子会永远持续下去吗？"[146]

凯斯门特报告发表后，英国的刚果改革协会发起了一项全球性运动，以结束这块土地上发生的倒行逆施。在埃德蒙·莫雷尔（Edmund Morel）的领导以及布克·华盛顿（Booker T. Wahshington）、马克·吐温（Mark Twain）等知名人士的帮助下，刚果改革协会呼吁在刚果自由邦终结强制劳动和暴政，并敦促英国和美国政府向利奥波德国王施压，给予"当地人"人道主义待遇。[147]

几乎在第一份威廉斯刚果报告面世的同时，塞西尔·罗得斯的特许公司没收了马塔贝勒国的土地和牲畜，并宣称，所有原本属于被打败的马塔贝勒王洛本古拉的财产如今全部归该公司所有。罗得斯和他的同僚们认为："既然洛本古拉在名义上曾经拥有一切，那么这个国家所有值钱的东西，包括土地、牲畜和其他财产，严格地说都可以被视为战利品。"[148] 根据帕克南（Pakenham）的描述：

12 个月内，1 万平方英里的肥沃红壤以及布拉瓦约 80 英里以内几乎所有的高地草原，全部被划进了欧洲人的农场。当战败后茫然的恩德贝勒族村民们回到故乡时，发现自己要么一

[146] R. Casement, Correspondence and Report from His Majesty's Consul at Boma respecting the Administration of the Independent State of the Congo. Africa. No. 1, House of Commons. Accounts and Papers, Vol. 62, Cd 1933 (1904).

[147] Hochschild, op. cit., p. 272.

[148] T. Pakenham, *The Scramble for Africa*, 1991, pp. 495-496.

无所有，要么就成了白人定居者的佃户。田地被夺走，大部分村庄被焚毁。仅从法律上来说，它们都曾经是国王的土地，尽管它们当中几乎没有多少直接控制在洛本古拉手中。[149]

同样地，马塔贝勒大部分牲畜也作为战利品被没收，人民被剥夺了构成“恩德贝勒畜牧业社会的核心支柱、财富和声望主要来源”[150]的财产。

对这种大范围剥夺行为和“棚屋税”（hut tax，英国殖民者在南非等地向当地居民征收的一种苛捐杂税——译者注）的不满情绪引发了1896年的一场暴动，这被公认为“在争夺非洲期间所建立的新殖民地上爆发的第一次全国性的独立战争”。[151] 不久以后，修纳（Shona）国也爆发了一场悲壮的起义，试图结束欧洲殖民统治带来的不公和侮辱。这两场血腥的起义造成的损失远远超过了早期的征服战争，得到了欧洲和非洲媒体的广泛关注。

殖民列强及其公司在整个非洲大陆侵吞土地，滥施暴行，激发了非洲大陆人民和侨居海外的非裔人民投入抗议运动的洪流中。除了动员草根阶层对非殖民化的支持之外，泛非主义法律人们还在第一线阐述法律策略，构建针对殖民者行径的法律对策，这些策略和对策多以习惯土地法为中心。来自黄金海岸[152]的约瑟夫·凯斯利-海福德（Joseph Casely-Hayford）是一位早期的泛非主义律师。用他的话来说：

---

[149] Pakenham, op. cit., p. 496.

[150] Ibid.

[151] Ibid., p. 500.

[152] “黄金海岸”即今天的加纳。

> 当非洲争夺战开始的时候……人们说着虔诚的话语，但并非所有虔诚的话语都是真实的。遗憾的是，那些说出这些话语的人也知道它们并不真实，只是为了保全非洲的灵魂，只是为了让她免于堕落……我们都知道在刚果发生了什么。我们都知道将会发生什么……一旦“先前存在的私有制权利”被转移到西非的政府手中。[153]

凯斯利-海福德参与制定了针对1897年《土地法案》的回应文书。该法案被英国总督引介到黄金海岸后，立即引起了传统部落酋长与在西方接受教育的青年学者们针对英国政府的联合抗议。该法案将所谓的“荒地”（指未被占领的土地、森林与矿藏）授予代表英国王室的政府。然而，英国立法者们提出这项法案时完全无视由黄金海岸总督委托的一项关于土著人制度的研究，该研究的结论认定，根据当地习惯法，“黄金海岸的每一块土地皆有其主人”。[154] 领头抗议《土地法案》的正是凯斯利-海福德组织的“黄金海岸原住民权利保护协会”。在他的著作《关于西非土地问题的真相》（第一版）[155]以及与协会同事约翰·门萨·萨巴赫（John Mensah Sarbah）合作的法律简报中，凯斯利-海福德着重论述到，在加纳习惯法体系下，所有土地，甚至包括那些看似被遗弃或荒废的土地，都始终从属于一个所有者，因此不能根据“欧洲公法”的领土取得规则对

---

[153] J. Casely-Hayford, *The Truth about the West African Land Question*, 2nd ed., 1971, repr. 2012, p. 19.

[154] Report upon the Customs relating to the Tenure of Land on the Gold Coast, London, 1895, cited in R. Grove, Ecology, *Climate and Empire: Colonialism and Global Environmental History* 1400-1940, 1997, p. 145.

[155] J. Casely-Hayford, op. cit.

其进行割让或占领。

在另一篇关于黄金海岸原住民机构的论文中，凯斯利-海福德针对将非洲人民私有或公有土地殖民化的行径进行了批判。首先，他是如此描述殖民列强兼并非洲土地的行为：

> 简单地说，人身上占有欲的原始本能借助国家得以运作，无论这些国家吹嘘自己的文明程度如何。原始社会的原始人说：“如果你愿意的话，你的土地或小屋就归我了。如果你不愿意，我就自己来拿。只要我拿到手了，你就别想把它拿回去。我当然会留着它。”当今世界的文明国家就像原始人一样，而国际仲裁法院又往往坐落在欧洲国家的首都，地球上弱小的国家倘若得不到一丁点儿公正的话，就只能期望得到一丁点儿安宁了。[156]

其次，凯斯利-海福德阐明了一项公有财产权理论，驳斥了“欧洲公法”适用于领土割让条约的理论基石，即当地国王或酋长可以通过这样的条约将属于非洲人民的私人或公共用地割让出去。通过对非洲习惯土地法与英格兰封建制度的区分，凯斯利-海福德勾勒出了限制国王财产权的习惯法规则，特别是他们将国有土地转让给殖民列强的权力。关于对后者的描述，凯斯利-海福德认为，国王之于国有土地的权力仅能作为：

> 一种主权监督且不附带任何特定土地的所有权……因

[156] J. Casely-Hayford, *Gold Coast Native Institutions*, 2nd ed., 1970, p. 5.

此,每个人的土地都是属于他自己和家族的特别财产,尽管国王作为最高统治者,毫无疑问地对所有国土行使主权,但这些每一英寸土地的所有权则属于一个特定的家族。[157]

此外,凯斯利-海福德还强调,国王作为主权者不允许在未经特定家族同意的情况下割让家族所有的土地。事实上,黄金海岸当时的习惯土地法规定,土地的处置或授予只能依据所有权进行,而所有权归属于特定的家族而非国王。[158] 国际法院前院长塔斯林·埃利亚斯(Taslim Elias)也观察到,凯斯利-海福德所总结的原则在撒哈拉以南非洲地区普遍适用。当时非洲习惯土地法的基本体系是社群化,这意味着:

土地的基本权利是保留给家族或社群的,而个人只有……使用土地的权利。换言之,土地所有权属于集体,个人对土地只能占有。[159]

埃利亚斯还指出,英国的绝对占有的非限定继承地产权和领主所有权(规定土地归君主个人所有),在非洲土地制度中没有类似的概念:

非洲的酋长或国王……为整个社群的利益,对土地仅享有行政监管权。如果他需要使用一块土地,就必须恳求这块土地的私人持有者借给他,并且该持有者对土地没有急用。强调这

---

[157] J. Casely-Hayford, op. ult. cit., pp. 45-46.

[158] Ibid., pp. 57-60.

[159] T. Elias, *The Nature of African Customary Law*, 1956, p. 163.

一点的意义在于，当来自欧洲的特许权人希望为采矿目的获取一块社群土地时，某些非洲酋长便倾向于对该土地主张不正当的领主权或独占所有权。[160]

通过在加纳习惯法语境下适用这些习惯法上的财产权，凯斯利-海福德认为，英国政府没有将土地占为己用的合法权利。1898年，他领导一个由支持习惯法的酋长和法律人组成的代表团，在伦敦成功游说了议会的议员们。他们有力地反驳了“空置土地”的概念以及根据英国法发放土地证的裁决。英国政府最终承认该代表团的反对有效，并决定撤回《土地法案》。[161] 殖民国家对非洲土地保有(tenure)制度的承认，成为黄金海岸政治历史上的里程碑事件。[162]

通过向英国政府请愿的方式，《土地法案》的反对者们处理的不光是土地保有的问题，还有英国王室和黄金海岸之间的关系问题。在写给英国一位国务大臣的信中，另一位黄金海岸律师布鲁(J. F. H. Brew)提出，鉴于黄金海岸的特别情况和法律地位，对黄金海岸人民土地权利的剥夺是不可接受的。

他认为：

黄金海岸保护地的地位与英王的任何附属地都不尽相同……它不是通过征服、割让或条约获得的。虽然英国政府在保护地行使特定的权力和司法管辖权，但它没有任何固有的法

[160] Elias, op. cit., pp. 164-165.

[161] Casely-Hayford, op. ult. cit., pp. x-xiii.

[162] 威廉斯可能还曾协助黄金海岸代表团向殖民当局请愿。See P. Decraene, *Le Panafricanisme*, 5th ed., 1976, p. 9.

律权利来剥夺我们的土地(这样的权利将被写入拟议的法案),无论它在南非、塔斯马尼亚、新西兰、东非和其他地方如何作为。[163]

他进一步宣称:

早在白人出现在黄金海岸的很久之前,这里的国王、亲王、酋长和其他人的统治权利是依据人民的选择、创设和认可而产生的;他们的头衔或权威不取决于世界上其他任何权势。[164]

黄金海岸的泛非主义法律人们组织他们的人民捍卫自己的土地权利,抗议殖民者对土地的攫取,然而他们的观点并不为秉持"欧洲公法"传统的学者所附议。根据卡尔·施密特的描述,被瓜分完毕的殖民地上的"统治权"(*imperium*)和"持有权"(*dominium*)概念可适用于占领的情形:

正如在国际法上土地征用国可以将已征用的殖民地土地上的公共财产(统治权)视为无主物一样,它也可以将这些土地上的私有财产(持有权)视为无主物。这样,它就可以无视原住民的财产权,并宣称自己才是这块土地的唯一所有者。它可以将土著酋长的权利进行征用,无论真正的法律继承关系是怎样的。[165]

---

〔163〕 G. Metcalfe, *Great Britain and Ghana: Documents of Ghana History* 1807–1957, 1964, p. 475.

〔164〕 Ibid.

〔165〕 Schmitt, op. cit., p. 199.

然而，在捍卫非洲居民的土地权利、反对殖民当局强占土地行为的过程中，泛非主义法律人一直试图区分非洲当地统治者向外国列强割让主权权利的行为与习惯法土地保有制度下的个人财产权。

例如，凯斯利-海福德援引 1861 年多西莫（Docemo）国王与英国之间割让拉各斯港口和岛屿的协议，写道：

> 根据披露的割让条款和信函，条约的目的是在拉各斯“建立英国的主权”。至于条约是否涉及私人所有权的丧失，则不被考虑或理解。[166]

他还认为，欧洲与非洲土地保有制度之间的差异可能会造成混淆：

> 在条约中我们读到了这样的语句：“我，多西莫，基于我议会的同意和建议行事。”这里就显现出欧洲人对非洲土地保有原则概念的混淆。倘若根据英格兰法律，土地的最终所有权属于国王，那么多西莫的敕令就足以转让土地。但倘若国王并不拥有土地，倘若国王也必须服从既定的私人所有权利，那么显然这些土地就不能根据国王的敕令进行转让。[167]

凯斯利-海福德对主权权利割让与私人所有权的区分后来被作为英属殖民地和保护地上诉法院的枢密院接受，并在

---

〔166〕 Casely-Hayford, *The Truth*..., op. cit. ,pp. 14-15.

〔167〕 Ibid. ,p. 15.

1921 年的“阿莫杜·蒂贾尼案”中被援引。[168] 该案中，枢密院审议了尼日利亚拉各斯的奥卢瓦（Oluwa）家族族长阿莫杜·蒂贾尼（Amodu Tijani）是否有权因其家族土地被没收而获得全额赔偿，或只能得到与他的代表权相对应土地上的部分赔偿。通过援引 1861 年多西莫国王与英国之间的割让条约，枢密院认为：

> 毫无疑问，相关土地的基本或终极权利已连同主权一起割让给了英国王室……但这一割让显然是建立在居民财产权必须得到充分尊重的基础之上。[169]

此外，枢密院还认为，“不能作出这样的结论，即王室一般来说享有土地的受益所有权，这一权利交予王室的同时即可取代任何推定的原住民权利”。[170]

法庭之外，泛非主义法律人继续呼吁废除允许欧洲人强占非洲人土地的法律，而非罔顾既定的私有权利。这也是亨利·西尔威斯特·威廉斯 1900 年在伦敦组织召开第一次泛非大会的主要原因。他专精于土地法的案件，也为土地被英国王室没收的若干非洲社群和王国提供顾问服务。会议发表了致维多利亚女王的一封有关土地问题的书面诉状，并获得了如下回信：“女王陛下的政府不会忽视原住民种族的利益与福祉。”[171] 英国政府的这一回复与威斯特莱克《国际法原则篇

---

[168] *Amodu Tijani v. Secretary, Southern Nigeria*, 1921, 2 AC 399.

[169] Ibid., p. 407.

[170] Ibid.

[171] Legum, op. cit., p. 25.

章》中的一段话极为相似：

国际法须视……原住民为不文明人。为文明国家共同利益计，它对主张区域主权的诉求加以规范，并将对待原住民的事宜交付给获得主权的国家的良心。[172]

然而，泛非运动主张非洲人的人权是基于人道而产生的权利，不希望对这些权利的尊重仅仅取决于“国家的良心”，无论这种说法在当时究竟意味着什么；更确切地说，泛非主义者所期望的是，这些权利是建立在一切种族和国家的男女平等基础之上的——这一原则后来被纳入了《联合国宪章》。因此在“一战”结束后，第二届泛非大会呼吁协约国通过一项“与拟议的国际劳工法则相似的非洲原住民的国际保护”法则，以使国际法规则保护他们作为人的权利。[173]

这是有史以来对建立国际人权保护制度的第一次呼吁。然而当时的主要大国却对它充耳不闻，因为他们尚未准备好承认人权的存在，无论是在国际层面上，甚或是基于人道主义观而产生的任何人的权利。最重要的是，他们尚未准备好将权利授予非洲殖民地人民。

然而，“一战”后世界格局的重大变化使泛非运动风起云涌。美国和苏联在世界舞台上崛起，而且这两个新兴的大国都没有参与对非洲的争夺。更重要的是，这两个大国的领导人频繁发言支持人民自决原则，尽管他们都没有具体指向非洲人民

〔172〕 Westlake, op. cit., p. 143.

〔173〕 Legum, op. cit., Appendix I, p. 133, para. (a).

的自决权。然而,无论是支持人民从现有民族国家或帝国主义大国中分离以独立建国的列宁主义自决观,还是强调人民自由选择其政府权利的威尔逊自决观,都完全符合泛非运动关于非洲大陆人民自治权的诉求。

这些变化标志着泛非运动开始进入为非洲人民的人权和自决而斗争的新阶段。"欧洲公法"以及它所依据的所有假设,也在诸多因素的推动下进一步受到挑战,诸如日本等非欧洲大国的崛起,国际联盟和国际劳工组织等国际组织的建立,以及国际法和国际关系新学说的创立等。此外,随着奴隶贸易的废除和 1899 年、[174] 1907 年[175] 两部《海牙公约》的缔结,保护某些方面人权的规则进入了国际法领域。

"欧洲公法"自身同样在经历变革。它受到诸多观点和立场的影响,这些观点和立场来自新独立的拉丁美洲国家及 19 世纪末 20 世纪初获准进入"文明国家"俱乐部的亚洲国家。1917 年的布尔什维克革命也对欧洲国际大家庭法律的社会学基础提出了质疑,包括对不平等条约的谴责、对人民自决的声援以及对各国间实现实质性平等的呼吁。同样地,参加 1919 年巴黎和会的日本代表团也提议在《国联盟约》中加入种族平等条款。该条款被作为盟约第 21 条的修正案提出,全文如下:

国家平等是国际联盟的一项基本原则,缔约国同意,无论

---

[174] Hague Convention with respect to the Laws and Customs of War on Land, 29 July 1899, 32 Stat. 1803, *TS* No. 403.

[175] Hague Convention respecting the Laws and Customs of War on Land, 18 October 1907, 36 Stat. 2277, *TS* No. 539.

在法律上还是事实上，尽快对所有联盟成员国的外国人在各个方面给予平等和公正的对待，而不因他们的种族或国籍采取任何区别措施。[176]

尽管日本代表称，该提案旨在寻求人权和种族平等，[177]但它仍然因为一些与会者的强烈反对而未获通过。日本代表认为：

倘若国家被拒绝享有公正和平等的待遇，他们很可能会对联盟的指导原则失去信心。我担心，这样一道心灵上的桎梏恐怕会成为和谐与合作的最不利因素，只要这道桎梏存在，联盟就别想牢固地构建起来。[178]

上述事态的发展使泛非运动不再将其诉求仅限于尊重个人的人权和人格尊严（这一诉求最初曾为经历过奴隶制及其他非人道待遇的非裔侨民所强调），也开始为人民的集体权利而斗争。这一变化意味着，非洲殖民地人民有权获得自治并自由决定自己的命运，他们的代表也开始更加活跃地投身于这项运动当中。从此以后，人民的平等权利与自决这两个相辅相成的原则成为泛非解放斗争的核心，尽管当时它们均不被国际法所承认。然而，随着 1941 年《大西洋宪章》和 1945 年《联合国宪章》的通过，泛非运动终于在 20 余年后为这些原则找到了法

---

〔176〕 N. Shimazu, Japan, *Race and Equality: The Racial Equality Proposal of* 1919, 1998, p. 20.

〔177〕 Shimazu, op. cit. , p. 20.

〔178〕 Quoted in MacMillan, op. cit. , p. 33.

律依据。这两大宪章所包含的国际法新规范为非殖民化进程及世界各地被殖民主体行使自决权铺平了道路，也为构建以人民权利平等、自决以及人权的普遍性保护为核心的普遍国际法奠定了基础。

第三章　泛非主义与作为国际法主体的非洲国家崛起

20世纪50—60年代,非洲国家纷纷获得独立,昔日的殖民地成为新的国际法主体和国际社会的正式成员。1900年以来,历届泛非大会决议中所表达的理念,特别是有关人权和人民自决的部分,最先得以转化为国际法原则与规范。而作为联合国的正式成员,新独立的非洲国家也的确有能力影响国际法规则的演进。他们的某些诉求已经在《联合国宪章》中找到了依据,包括联合国宗旨中所包含的各国人民权利平等和自决原则,这两大原则正是泛非运动的核心理念。通过与亚洲、拉丁美洲的其他前附属领地国家的合作,非洲国家也有能力在国际法改革旧规范、创建新规范的过程中充分考虑国际体系新成员的利益。

第一节　为实现国际法变革而协作行动

为利用联合国平台实现国际法的变革,使国际社会倾听自己的声音,新独立的非洲国家自行组织起来,与亚洲其他新兴国家建立密切关系。这些新兴国家的观点与立场通过两种渠道得以阐述,一是区域间国际会议,如1955年的万隆会议,二是区域性会议。

区域会议的典型范例包括1958年4月在加纳阿克拉举行的首届非洲独立国家会议,六个新独立的非洲国家以及埃塞俄比亚和利比里亚参加会议。在八国共同解决的事项中,特别强调要让非洲国家保持"对外政策愿景的基本统一,使一种独特的'非洲个性'能够在与其他热爱和平的国家联合推动和平的进程中发挥作用"。[179] 为实现这个目标,他们决定在联合国设立"与会国政府常任代表",作为一种非正式的常设机制:

(一)负责协调所有非洲国家共同关心的事宜。

(二)负责审查和提出关于执行本会议或未来类似会议决定的切实可行的步骤。

(三)负责今后历届非洲独立国家会议的筹备安排。[180]

---

[179] Declaration of the First Conference of Independent African States, Accra, 15-22 April 1958, reprinted in Legum, op. cit., Appendix 4, p. 139. 宣言中所提及的六个新独立国家包括埃及、加纳、利比亚、摩洛哥、苏丹和突尼斯。

[180] Resolutions adopted at the First Conference of Independent African States, Accra, 15-22 April 1958, see ibid., p. 148.

阿克拉会议标志着泛非主义从由个人和社团领导的纯粹的非政府运动演变成以人民和国家为基石的运动，致力于统一非洲大陆，并将其从殖民主义手中彻底解放出来。这些国家和人民开启了非洲统一的征途，并认可了会议决议中所提及的"独特的非洲个性"。根据决议，"非洲个性"将使非洲的独立国家能够"在联合国和其他国际论坛上，用一个共同的声音与其他热爱和平的国家合作推进和平的事业"。[181] 这"共同的声音"重点在于对外政策的紧密协调，以及关于非洲附属地未来地位的共同立场。

对外政策的协调，由上述非正式常设机制根据以下基本原则运行：

（一）毫不动摇地忠于和支持《联合国宪章》，尊重联合国的决定。

（二）坚持万隆会议所阐明的原则，即

（1）尊重基本人权及《联合国宪章》的宗旨和原则；

（2）尊重所有国家的主权和领土完整；

（3）承认所有的种族和所有国家无论大小一律平等；

（4）禁止干涉或干预他国内政；

（5）尊重各国依据《联合国宪章》单独或集体保卫自己的权利；

（6）禁止利用集体防卫机制为任何大国的特殊利益服务，禁止任何国家向其他国家滥施压力；

---

[181] Resolution 1 of the First Conference of Independent African States, Accra, 15-22 April 1958, "Exchange of Views on Foreign Policy", see ibid., pp. 140-141.

(7)避免侵略行为或威胁,或使用武力侵犯任何国家的领土完整或政治独立;

(8)通过和平手段解决一切国际争端,包括谈判、调解、仲裁或司法解决等,以及当事方自己依照《联合国宪章》选择的其他方式;

(9)促进互利合作;

(10)尊重正义与国际义务。[182]

会议承认"以任何形式存在的殖民主义都是对非洲国家安全和独立以及世界和平的威胁",并无条件地谴责"一切仍在我们大陆上实施、对非洲人民实行专制统治和压迫的殖民制度"。[183] 由此诞生了非洲附属地未来地位的共同立场。会议同时呼吁殖民地宗主国:

尊重《联合国宪章》……迅速采取措施执行宪章规定,并根据人民的意愿实现他们的政治抱负,即自决和独立……不再在这些领土上实行压迫和专制统治,并尊重《联合国宪章》和《世界人权宣言》规定的一切人权……(并)立即在这些领土上终止一切形式的歧视行为。[184]

---

[182] See the "Declaration on the Promotion of World Peace and Cooperation", Bandung Conference, 18-24 April 1955, reprinted in M. Hassouna, *The First Asian African Conference Held at Bandung, Indonesia* (*April* 18-24, 1955), 1955, pp. 132-133.

[183] Resolution 2 of the First Conference of Independent African States, Accra, 15-22 April 1958, "The Future of the Dependent Territories in Africa", reprinted in Legum, op. cit., p. 159.

[184] Ibid.

会议建议,所有与会国政府应“对附属地人民争取自决和独立的斗争提供一切可能的援助”。[185] 对民族解放运动的支援由此成为一个有争议的议题,并导致了非洲独立国家与殖民列强之间的紧张关系。殖民列强认为,此类援助是一种颠覆行为并干涉了殖民国家的内政。[186]

阿克拉会议通过的决议清晰表明,新型的以国家为中心的泛非运动深信,非洲国家独立后目标的法律基础是新型普遍国际法,体现在《联合国宪章》中。它坚持了泛非运动的传统诉求,即尊重人权和人格尊严、种族与国家平等以及人民自决。会议决议所声明的对《联合国宪章》毫不动摇的忠诚正是基于这些信念。与19世纪、20世纪将非洲国家排除在外,不承认、不容纳泛非运动诉求的“欧洲公法”不同,兴起于第二次世界大战后且基于《联合国宪章》的国际法,为非洲人民实现泛非运动目标与抱负(无论是通过政治吁求还是法律手段)提供了史无前例的机遇。

此外,作为国际法主体,新独立的非洲国家终于得以影响国际法的演进与进一步发展。然而,仅凭参与1958年阿克拉会议的八国力量仍无法发挥这样重大的作用,他们还需要从拥有相似利益的亚洲和拉美国家那里获取援助与合作,同时也需要更多的非洲国家一起参与推进这一计划。因此,直到1960年以后,随着更多非洲国家赢得独立,国际法才在非洲国家的倡议下迎来了有史以来最重大的发展。不过,通过强调恪守

---

〔185〕 Ibid.

〔186〕 See C. Dugard, “The Organization of African Unity and Colonialism: An Enquiry into the Plea of Self-defence as a Justification for the Use of Force in the Eradication of Colonialism”, *International and Comparative Law Quarterly*, Vol. 16, 1967, pp. 157-190.

1955年万隆会议所阐明的原则，非洲国家仍旧建立了区域间合作的早期基础。事实上，由30个亚非国家参与的万隆会议特别强调各国在国际法问题上应进行合作。1958年，一个专门性组织即亚非法律协商委员会（以下简称“亚非法协”——译者注）成立，以促进区域间的法律事务合作，至今仍然“作为其成员国在国际法领域的咨询机构和亚非就共同关心的法律问题进行合作的论坛”[187]发挥着作用。这种与亚洲国家进行的密切合作，集中体现了泛非运动长久以来为结束殖民主义祸患而加强与亚洲国家关系的渴望。譬如，1945年曼彻斯特泛非会议通过的决议中，代表们表达了他们团结亚洲人民的意愿：

> 在不久之后，亚非人民就将打碎他们身上长达数个世纪之久的殖民主义枷锁……（并）在那以后，作为自由国家……团结一致地巩固和捍卫他们的自由和独立，防备西方帝国主义的反扑以及共产主义的威胁。[188]

这一合作最终在联合国开花结果，许多由亚非国家发起的重要决议对国际法规范产生了影响。[189]

随着20世纪60年代更多非洲国家实现独立，非洲各国对国际法的态度变得更加明确。虽然新独立的非洲国家对《联合国宪章》予以充分支持，他们仍对国际法中源于“欧洲公法”的特定内容表达了不满，反对将这些规则纳入普遍国际法。对

---

〔187〕 Introduction, Report of the 39th session of AALCC held in Cairo, 19－23 February 2000, available at http://www.aalco.int/39thsession/aalcccairoI.pdf.

〔188〕 Legum, op. cit., p. 41.

〔189〕 See infra, pp. 65－67, 87－79.

非洲国家而言,由"二战"后亚非新兴国家造成的国际社会扩张,绝不可与19世纪末20世纪初"文明国家"俱乐部吸收新成员的实践相提并论。他们认为,国际社会社会结构的变迁要求建立一套新的规则,或至少对那些反映自诩"文明国家"俱乐部的共同习惯和实践的旧规则加以修正,特别是对殖民主义予以认可、对压迫人民的行径进行辩护的实践。非洲国家的做法,类似于阿尔瓦雷斯(Alvarez)法官在针对"对《防止及惩治灭绝种族罪公约》提出保留案"发表的咨询意见中提出反对意见。他在论及"二战"及其后果时指出:"我们刚刚经历过这场社会灾难,新的秩序已然出现,新的国际法也随之形成。"[190]非洲国家的目标,既不是改变国际法的根基,也不是废弃所有源于"欧洲公法"的规则。他们只想对国际法的内容加以更新,使其符合国际社会结构与国际社会利益构成的根本变化。在这一改革计划中,非洲国家对现行国际法规范采取了三种截然不同的态度:(一)对古典国际法的某些规范和路径加以反对或抵制;(二)对其他规范持矛盾和折中的态度;(三)对旧规则加以改革,促进符合国际社会当前需要和利益的新规则的发展进步。

第二节　对特定规则和原则的反对或抵制

反对和抵制的态度适用于支持殖民主义并将非洲殖民计划合法化的国际法规范。例如,《万隆宣言》指出:"一切形式的殖民主义都是应当迅速终结的罪恶。"[191]同样,在阿克拉会

〔190〕 *ICJ Reports* 1951, pp. 50–51.

〔191〕 See Resolution "Problems of Dependent Peoples", Hassouna, op. cit., p. 129.

议上，非洲国家不仅对殖民主义予以谴责，还宣称其是“对非洲国家的安全和独立以及世界和平的威胁”。[192] 这两份声明都发表于大多数非洲国家尚未摆脱欧洲列强殖民统治之时，其中部分殖民国家（如葡萄牙）坚称其在非洲的殖民地是本国领土的一部分。上述对殖民计划的定性后来在1960年联合国《给予殖民地国家和人民独立宣言》中得到了反映。[193]

由联合国发表给予殖民地国家独立地位的宣言的想法，最早由苏联领导人尼基塔·赫鲁晓夫（Nikita Khrushchev）于1960年9月提出，并立即得到了联合国内亚非集团的支持。柬埔寨和其他42个来自亚非的联合国成员国共同发起了一份宣言草案，并于1960年11月28日提交给联合国大会审议。[194] 尽管苏联驻联大代表团也提出了一份宣言草案，最终还是亚非国家版本的草案于当年12月14日被大会通过，[195]

---

[192] Legum, op. cit., Appendix 4, p. 141.

[193] See GA res. 1514 (XV) (hereinafter GA res. 1514), 15 UN GAOR, Supp. (No. 16) at 66, UN doc. A/4684 (1961).

[194] UN doc. A/L. 323 and Add. 1-6 (1960). 该决议草案由下列国家提交：阿富汗、缅甸、柬埔寨、喀麦隆、中非共和国、锡兰（后改名斯里兰卡——译者注）、乍得、刚果（布）、刚果（利）（当时金沙萨仍名为“利奥波德维尔”——译者注）、塞浦路斯、达荷美（后改名贝宁——译者注）、埃塞俄比亚、马来亚联合邦（后改名马来西亚——译者注）、加蓬、加纳、几内亚、印度、印度尼西亚、伊朗、伊拉克、科特迪瓦、约旦、老挝、黎巴嫩、利比里亚、利比亚、马达加斯加、马里、摩洛哥、尼泊尔、尼日尔、尼日利亚、巴基斯坦、菲律宾、沙特阿拉伯、塞内加尔、索马里、苏丹、多哥、突尼斯、土耳其、阿拉伯联合共和国（简称“阿联”，由埃及和叙利亚合并组成，后叙利亚脱离阿联独立——译者注）、上沃尔特（后改名布基纳法索——译者注）。

[195] See UN GAOR, 15th Sess., UN doc. A/PV. 947, p. 1271. 印度驻联大代表吉哈（Jha）先生说：“刚刚通过的宣言的确是联合国事业进程中的一座里程碑。我相信，未来的历史学家将把它视为最高尚的宣言之一和联合国最高尚的决议之一。毫无疑问，这项决议可能会成为本届联大最具建设性的成就。这项决议将激励每一个人，激励那些处于殖民统治之下的人民，不仅坚定他们的希望和信念，也赋予他们联合国的希望和信念。我们毫不怀疑，它将极大地加快附属地人民的解放进程。” Ibid., p. 1278.

即联大第1514(XV)号决议。该决议如今已成为殖民地人民独立权的同义词,其重申了“需要迅速和无条件地结束一切形式和表现的殖民主义的必要性”,并宣布:

使人民受外国的征服、统治和剥削的这一情况,否认了基本人权,违反了《联合国宪章》,并妨碍了增进世界和平与合作。[196]

该决议获得联大全票通过,成为非洲与其他国家和地区关系以及调整此类关系的法律发展的转折点。提交决议的亚非集团的许多代表都提及了他们参与1955年万隆会议及第一次非洲独立国家会议的情况,并重申了这些会议通过的原则。[197]对这些国家来说,第1514(XV)号决议是众志成城改革国际法事业的高潮,是摆脱殖民统治的国家之间关于国际法发展与进步的洲际合作新篇章的起点。作为国际法主体,新独立的非洲国家与亚洲国家协作行动,成功为国际法新规则和新原则的创立打下了基础,并结束了外国打着“文明使命”或其他基于不平等或帝国扩张需要的国际法原则的旗号对人民进行的压迫统治。殖民主义被认定不但违反《联合国宪章》,而且“妨碍了增进世界的和平与合作”,[198]这对发起该宣言的亚非国家尤为重要。在他们眼中,随着这一宣言的发表,殖民主义终于被联合国宣布为非法存在。尽管该决议是建议性的且并不具有法律效力,但由于被联合国主要机构赋予了举足轻重的意义,决

[196] GA res. 1514, para. 1.

[197] 前三届非洲独立国家会议分别于1958年、1959年和1960年在阿克拉、蒙罗维亚和亚的斯亚贝巴召开。

[198] GA res. 1514.

议条款还是逐渐获得了习惯国际法地位。正如国际法院在1971年关于纳米比亚形势的咨询意见中提到的：

> 该发展的另一重要阶段，就是《给予殖民地国家和人民独立宣言》[大会第1514(XV)号决议，1960年12月14日]适用于所有"尚未赢得独立的"人民和领土。[199]

国际法院还指出：

> 法院必须考虑随后半个世纪内的变化，其解释不可能不受到法律的后续发展的影响，包括《联合国宪章》与习惯国际法。[200]

从规范的角度看，人民权利平等和自决原则在《联合国宪章》中的确立，使得在第1514(XV)号决议通过之前，一国对他国人民进行殖民统治的做法在法律和政治层面被禁止。因此，第1514(XV)号决议必须被理解为对宪章已阐述过的原则的一种解释，特别是其对平权和自决这两大原则之间共生关系的明确阐释。[201] 既然宪章承认"人民权利平等"，国际法就不能允许这样一种情势存在：部分人民及其强大的国家对军事、经济或金融力量弱于自己的其他人民进行压迫和统治。根据

---

[199] *Legal Consequences for States of the Continued Presence of South Africa in Namibia (South West Africa) notwithstanding Security Council Resolution* 276 (1970), *Advisory Opinion*, *ICJ Reports* 1971, p. 31.

[200] Ibid.

[201] UN Charter, Art. 1.

宪章所规定的平等权利，殖民地人民或被压迫人民有权自决和独立建国。[202]

正是在这些原则及其后续发展的基础上，联合国亚非集团对英国 1962 年将南罗得西亚定性为“自治”国家的做法表示反对，认为这不符合宪章第 73 条关于非自治领土的规定。第 73 条要求非自治领土的管理国在这些地区发展自治并促进其人民福祉。[203] 为回应英国在罗得西亚问题上的立场，一部分亚非国家联合递交了一封书信，敦促联大第 60 届会议对“南罗得西亚问题”予以考虑。[204] 后来，38 个亚非国家提交了一份决议草案，反映非洲各国政府认为南罗得西亚属于《给予殖民地国家和人民独立宣言》所涉及领土的范畴。[205] 但英国政府辩称，罗得西亚处于自治状态，因为它自 1923 年起便一直保有自己的行政和立法机关，且并未被纳入联大 1946 年 12 月 14

---

[202] See infra, Chapter Ⅲ. D. 1.

[203] 《联合国宪章》第 73 条规定，非自治领土管理国必须按各领土及其人民特殊之环境、进化之阶段，发展自治，对各国人民之政治愿望予以适当之注意，并助其自由政治制度之逐渐发展。

[204] Letter of 31 May 1962, UN doc. A/5127 and Add. 1 and 2. 参与的国家包括：阿富汗、缅甸、柬埔寨、喀麦隆、锡兰、刚果（利）、塞浦路斯、达荷美、埃塞俄比亚、马来亚联合邦、加纳、几内亚、印度、印度尼西亚、伊朗、伊拉克、约旦、黎巴嫩、利比里亚、利比亚、马达加斯加、马里、毛里塔尼亚、蒙古、摩洛哥、尼泊尔、尼日利亚、巴基斯坦、菲律宾、沙特阿拉伯、塞内加尔、塞拉利昂、索马里、苏丹、叙利亚、坦噶尼喀（后与桑给巴尔合并为坦桑尼亚——译者注）、多哥、突尼斯、阿拉伯联合共和国、上沃尔特、也门。

[205] See UN doc. A/L. 386/Rev. I and Add. 1-4. 提交决议草案的国家包括：阿富汗、缅甸、柬埔寨、喀麦隆、中非共和国、锡兰、乍得、刚果（布）、达荷美、埃塞俄比亚、马来亚联合邦、加蓬、加纳、几内亚、印度、印度尼西亚、伊拉克、科特迪瓦、利比里亚、利比亚、马达加斯加、马里、毛里塔尼亚、摩洛哥、尼泊尔、尼日尔、尼日利亚、沙特阿拉伯、塞内加尔、塞拉利昂、索马里、苏丹、叙利亚、坦噶尼喀、多哥、突尼斯、阿拉伯联合共和国、上沃尔特。

日通过的第66（Ⅰ）号决议中开列的非自治领土清单。[206] 此外，英国政府还声称其并非南罗得西亚的管理当局，因为它从未插手过该地的日常行政事务。[207]

然而，将这种把当地非洲居民排除在政治参与体系之外的种族主义少数派政府视为某种有意义的"自治"形式，并不为新独立的非洲国家以及他们在联大的盟友所接受。他们认为，英国政府仍有责任协助当地民众向发展自由政府的目标前进，使他们能够行使自决权。此外他们坚信，罗得西亚不是自治领土，因而不能对不遵守宪章第11章规定的行为负责，与宪章第73条相关的责任应由英国承担。因此，他们支持联大通过了第1747（XVI）号决议，要求英国政府：

> 紧急召开必须由所有政党代表充分参与的制宪会议，以制定一部新的南罗得西亚宪法，取代1961年的旧宪法，确保大多数人民的权利，这些权利基于符合联合国各项原则的"一人一票"精神，以及大会第1514（XV）号决议所载明的《给予殖民地国家和人民独立宣言》的规定。[208]

新独立的非洲各国还对《国际法院规约》第38条所列明的国际法渊源的部分要件表示抵制。他们并未质疑这些渊源，而是一方面希望能够重新审查这些渊源的内容，另一方面

---

[206] See UN doc. A/AC. 109/SR. 9, pp. 4-7; UN doc. A/AC. 109/SR. 133, p. 6; UN doc. A/AC. 109/SR. 233, p. 5; UN doc. A/AC. 109/SR. 341, p. 16; see also V. Gowlland-Debbas, *Collective Responses to Illegal Acts in International Law: United Nations Action in the Question of Southern Rhodesia*, 1990, pp. 110-111.

[207] Ibid.

[208] See GA res. 1747 (XVI), 28 June 1962, UN doc. A/RES/1747.

则希望通过承认联大宣言性决议在国际法进步与发展过程中所发挥的作用，对已列举的渊源加以补充。他们尤其对习惯法规范的创制与识别程序持保留意见，包括“一般法律原则为文明各国所承认者”的识别范围，以及“各国最具权威之公法学家学说”[209]的重要性，这些表述都符合自诩为“文明国家”俱乐部所倡导的惯例、原则与观点。

关于习惯国际法，非洲国家反对欧洲国家通过发现、征服、占领或订立保护条约等方式取得领土的一般惯例与实践。他们也拒绝接受将非洲领土或其他国家的殖民行径合理化的概念与学说，例如对“无主地”的解释。然而，这并非他们持反对意见的唯一理由。他们之所以决心抵制将此类学说纳入国际法的行为，是因为这类学说不符合《联合国宪章》关于各国平等以及禁止使用武力或以武力威胁破坏成员国领土完整的规定。他们还认定，在20世纪后半叶国际社会发生结构性变化的情况下，这些学说早已陈旧过时。正是出于这一原因，他们才反对那些与《联合国宪章》中的原则不相符的习惯法规范，尤其是那些和人民的平等权利与自决原则相冲突的法则——这也是泛非运动为实现国际层面的平等而艰苦奋斗的目标所在。

尽管非洲国家对国际法的某些规范予以抵制，作为《联合国宪章》所创设的“热爱和平”的国际社会的新成员，他们也非常渴望尊重和“一秉善意履行其依本宪章所担负之义务”。[210]然而，他们并不认为自己有义务特别遵守那些自诩为“文明国

[209] Statute of the International Court of Justice, Art. 38, para. 1.

[210] UN Charter, Art. 2, para. 2.

家"俱乐部成员之间建立的规范，因为后者原本就将他们排除在外，且将他们视为国际法的客体而非主体。鉴于有人申诉上述某些规范已适用于作为国际法主体的非洲国家，且非殖民化已经给国际社会带来了变化，非洲国家认为自己有权根据《联合国宪章》的目标与原则对此类习惯法规范进行审查，并在《联合国宪章》的框架内解决一切分歧。

作为改革方案的一部分，非洲国家也拒绝承认部分条约的有效性，包括因武力或恐惧缔结的条约，以及19世纪与某些非洲国家订立的投降条约。这些新独立国家的态度也反映在其发言人在1966年国际法委员会审议《条约法公约草案》时所作的陈述中，正如奥克耶(Okoye)所援引的下述文字：

> 条约法草案的条款不能承认不公正、不公平或不平等的条约，这些条约大多是殖民制度的产物。未获相关人民同意而实施的文书、以牺牲独立为代价签订的文书、操弄发展中国家局势的文书……不能受到条约法的保护，且应从国际关系中予以剔除。[211]

非洲国家最终得以使自己的关切和立场反映在《维也纳条约法公约》当中，特别是公约第五编，即关于"条约之失效、终止及停止施行"的内容。[212] 第52条规定："条约系违反《联合国宪章》中国际法原则以使用或威胁使用武力而缔结的，最终无效。"[213] 正如阿比-萨阿卜(Abi-Saab)所指出的，"本条款的

---

〔211〕 F. Okoye, *International Law and the New African States*, 1972, p. 191.

〔212〕 Vienna Convention on the Law of Treaties, 23 May 1969, 1155 *UNTS* 331, Art. 52.

〔213〕 Ibid.

制定是第三世界的伟大胜利；但它并不能满足他们的最大诉求……包括将政治和经济胁迫手段纳入使用或威胁使用武力的范畴”。[214] 埃利亚斯则认为，未将政治和经济胁迫手段明确写入公约，是亚非国家与西方国家之间妥协的一部分，这项不适格条款之所以得到承认，是因为联合国条约法会议已经通过了《禁止在条约缔结过程中使用军事、政治或经济胁迫的宣言》。[215]

当非洲国家获得其独立地位时，“文明国家”一词已经在《联合国宪章》中被“爱好和平的国家”[216] 所取代，“文明人民的习惯和一般意见”也不再被国际法律文件普遍提及，尽管《国际法院规约》第 38 条还是提到了“一般法律原则为文明各国所承认者”。[217] 不过，这一“老旧”的欧洲中心论版本国际法的残余并未造成特别的麻烦，因为它的解释者和适用者已变成了代表“世界各大文明”和“各主要法系”的法官们，包括那些来自新独立的非洲国家的法官。[218] 在这种情况下，安蒙（Ammoun）法官在“北海大陆架案”个别意见中申明，不符合时代精神且不合理的表述源自一种疏忽，因为“规约第 38 条第 1 款第 3 项所提及的一般法律原则仅指为世界不同法律所共同接受的规范”。[219] 这说明关于本条款的其他解释都是主观武断的。安蒙法官认为：

---

[214] Abi-Saab, op. cit., pp. 51-52.

[215] See UN doc. A/CONF. 39/26; see also T. Elias, *New Horizons in International Law*, 2nd ed., 1992, pp. 60-61.

[216] UN Charter, Art. 4.

[217] Statute of the International Court of Justice, Art. 38, para. 1.

[218] Statute of the International Court of Justice, Art. 9.

[219] *North Sea Continental Shelf, Judgment, JCJ Reports* 1969, p. 134.

一方面,鉴于宪章基本原则和这些原则的普适性,另一方面,又鉴于其与《国际法院规约》第 38 条第 1 款第 3 项之间存在矛盾,对规约该条款的解释不得超越国际社会各成员之间基于主权平等的互不歧视的普遍范畴。因此,文明国家与据称不属其类的国家之间的区分标准仅仅属于政治(强权政治)或其他性质的标准,但绝不属于伦理或法律标准。[220]

国际法院本身尽管就理论问题存在诸多争论,但总体而言还是避免在其判决中引用第 38 条第 1 款第 3 项的措辞,而通常会使用"被一般承认的诉讼法原则"、"一项确定的法律规则"或"一般且公认的法律原则"等表述。例如,在"科孚海峡案"中,法院认为,"间接证据为所有法律制度所准许,其使用也为国际性裁决所承认",从而确定间接证据能够为法院所认可。[221] 在"联合国行政法庭的赔偿裁决效力"咨询意见中,法院认为,"根据一项既定且得到普遍认可的法律原则,此类司法机构所作判决在争端各方之间具有既判力和拘束力"。[222] 后来在"核试验案"中,法院将善意原则描述为"调整法律义务的创设与履行的一项基本原则"。[223] 这些原则都被法院确定为确保国际法律秩序运行的、固有且必需的基本法律守则。

在实践中,国际法院从国内法体系的原则中获取灵感,并使其与国际法的肌体相适应,从而克服了适用第 38 条第 1 款

[220] Op. cit. footnote 219.

[221] *Corfu Channel* case, *Judgment of* 9 *April* 1949, *ICJ Reports* 1949, p. 18.

[222] *Effect of Awards of Compensation Made by the United Nations Administrative Tribunal*, *Advisory Opinion of* 13 *July* 1954, *ICJ Reports* 1954, p. 53.

[223] *Nuclear Tests* (*New Zealand* v. *France*), *Judgment*, *ICJ Reports* 1974, p. 473.

第 3 项时所固有的困难。同时,第 38 条第 1 款第 3 项的角色也随着时间的流逝发生了变化。今天,它更常被用来指代国际法的一般性原则,而不是从“国内法庭”(*foro domestico*)嫁接到国际层面的一般性原则。这些国际法的一般性原则也更受新独立的非洲国家重视,尤其是那些被纳入《联合国宪章》,而后又被《关于各国依联合国宪章建立友好关系及合作之国际法原则之宣言》(以下简称《国际法原则宣言》——译者注)所阐明的原则。[224] 非洲国家尤其强调这些构成性原则,因为它们为新赢得的主权提供了保护,并赋予新独立国家在国际法律舞台上与大国平等的地位。[225]

第三节　对其他规则的矛盾心理与折中态度

在独立前夕,许多非洲国家对某些类别的条约采取了“挑选”的态度,因为他们不愿全盘接受原殖民宗主国转移给自己的条约义务,无论这些条约的缔结对象是原宗主国还是第三国。[226] 他们为这种做法辩护的法律论据在于,前身国(19 世纪被殖民化之前的非洲国家)与殖民化过程中建立的殖民地国之间的权利义务关系缺乏延续性。[227] 在没有证据证明国家治理存在延续性的情况下,殖民地国的权利义务就不能在非殖

〔224〕 GA res. 2625 (XXV) (hereinafter GA res. 2625), 24 October 1970, UN doc. A/8028.

〔225〕 See G. Abi-Saab, “The Third World and the Future of the International Legal Order”, *Revue égyptienne de droit international*, Vol. 29, 1973, pp. 27-61.

〔226〕 See generally, T. Maluwa, *International Law in Post-Colonial Africa*, 1999, pp. 67-74.

〔227〕 Y. Makonnen, “State Succession in Africa: Selected Problems”, *Recueil des cours*, Vol. 200, 1986, pp. 121-124.

民化进程结束后自动延续下来。[228] 因此,他们主张适用“白板理论”(clean-slate doctrine),特别是经过重构的国家继承理论,后者被通称为“尼雷尔主义”(Nyerere doctrine)。[229] 这一理论首先被独立后的东非国家所采纳。殖民列强主张新独立的东非国家应继承其独立之前签订的协议,并继续履行其独立之前由殖民列强代表殖民地和托管地缔结的条约义务。尼雷尔主义则主张,对于那些与新国家主权权利相融的双边条约,应自新国家独立之日起两年内暂时适用,且必须建立在互惠的基础之上。[230] 在这一期间内,经过考虑,新国家可决定是否继续履行或放弃履行条约义务,抑或与相关方就条约内容重新展开谈判。至于多边条约,则没有就互惠基础上的暂时适用设置固定期限。[231] 参加联大第 20 届会议的一位肯尼亚代表就条约继承问题作了如下描述:

> 关于殖民主义者轻蔑对待殖民地国家的另一个有趣的实例是,英国政府曾试图强迫肯尼亚继承两项英国与丹麦签订的和平与商务条约,签订时间分别为 1660 年和 1670 年,这比肯尼亚成为英国殖民地的时间还早了两个多世纪。这只是英国企图诱使肯尼亚在独立后“全盘”(en masse)接受的众多条约中的一例。令人高兴的是,肯尼亚政府最终决定开启独立之路,将一切推倒重来,并坚持对所有独立前签订的条约进行仔

---

[228] Ibid.

[229] Ibid.

[230] 关于尼雷尔主义的概要,参见 ibid. ,pp. 133-139。

[231] Ibid.

细的审查,然后再决定是否予以继承。[232]

我们应当回顾一下最早记录尼雷尔主义的具体条款。1961年12月9日,时任坦噶尼喀(今坦桑尼亚)总理的朱利叶斯·尼雷尔向联合国秘书长递交了一份单方声明,并交联合国各成员国传阅。声明部分内容如下:

关于英国代表坦噶尼喀有效缔结的双边条约,或由英国缔结而有效适用于或效力及于坦噶尼喀领土的双边条约,坦噶尼喀政府愿意自其独立之日起两年内(至1963年12月8日为止),继续在其领土上基于互惠原则适用所有此类条约的条款,除非双方同意在期限届满之前对条约予以废止或修订。期限届满之时,对于这些根据习惯国际法规则不可存续的条约,坦噶尼喀政府将认为其效力终止。

坦噶尼喀政府诚挚地希望,在上述两年期限内,能够通过正常的外交谈判渠道与条约当事国就此类条约存续或修订的可能性达成令人满意的协议。

坦噶尼喀政府意识到,上述适用于双边条约的声明不可与多边条约的适用问题相提并论。有鉴于此,坦噶尼喀政府提议对各个多边条约单独进行审查,并向条约保管方说明自己将对此类文书分别采取怎样的措施,可能的选项包括确认终止、确认继承或加入。在这一临时审查期内,在坦噶尼喀独立前即适用于或效力及于该国的多边条约的任何缔约方,基于互惠原

[232] 20 *UN GAOR*, 13 October 1960, UN doc. A/C. 6/SR. 850, p. 68.

则，可对坦噶尼喀遵守此类条约条款的承诺予以信任。[233]

新独立的非洲国家在他们希望独立后继续保持的条约关系中采用尼雷尔主义并未受到外界的非议，无论是前殖民宗主国还是第三国。

根据利希岑(Lissitzyn)的观点：

总体而言，老国家对新国家"挑挑拣拣"的做法予以宽容，或许是因为他们自己也希望主张类似的"挑拣自由"。[234]

新独立的非洲国家自由"挑拣"自己希望继承的条约关系，尽管得到了老牌欧洲国家的宽容甚至全盘接受，但他们不愿接受某些习惯国际法规范的态度还是招致了外界(尤其是某些西方学者)的惊讶和批评。在一份写给国际法研究院题为"国际公法与今日环境下国际法律制度的未来"的特别报告中，前国际法院法官杰拉尔德·菲茨莫里斯(Gerald Fitzmaurice)面对新独立非洲国家及其学者的立场和观点，对习惯国际法的未来表示了深切的担忧。[235] 该报告其中一节名为"为何我们对未来感到烦恼"。在本节中，菲茨莫里斯这样写道："许多人深信，我们国际公法学人的学科基础可能正在遭受质

---

[233] United Nations, "Materials on Succession of States", UN Legislative Series (ST/LEG/SER. B/14), 1967, pp. 177-178.

[234] O. Lissitzyn, "State Succession and Treaties: A General Survey", Working Paper No. 1, Study Panel on State Succession, American Society of International Law, February 1968, p. 10.

[235] G. Fitzmaurice, "The Future of Public International Law and of the International Legal System in the Circumstances of Today", in Institut de droit international, *Livre du centenaire 1873-1973: Evolution et perspectives du droit international*, 1973, pp. 197-328.

疑。”他将这一忧虑归因于“存在或展望中的变革——国际法可能无法应对的剧烈变革”。他还提到了“被视为‘普通法’,无论是否存在特定条约义务,对所有国家都自动产生拘束力的习惯国际法”[236]面临的质疑,以及他眼中“更坏的变化,或至少是……对于我们曾经接受的法律或学说的广泛挑战”。[237] 菲茨莫里斯认为,“习惯国际法是对整个国际社会都有拘束力的法律,其有效性和存续构成了对国际法的未来进行任何有效探讨的不可回避的前提”。

不过,他也承认:“至于什么是习惯法的真正内容,即哪些原则和规则构成习惯法的一部分,的确存在疑问和大量可供合理争辩的空间。”[238]

菲茨莫里斯及其他西方学者的忧虑是不恰当的。无论非洲国家还是其他新独立国家,都不支持对习惯国际法予以全盘否认或反对。

他们原本就不可能这样行事,因为在许多案例当中,这些新国家都是习惯国际法规则或原则(特别是那些与外交豁免与特权或外交与领事人员保护相关的内容)的直接受益者。尽管他们并不愿意盲目接受由欧洲国家发展起来的习惯与惯例或将其视为“既成法”,他们还是做好了接受那些习惯法规则当中最符合自己利益的内容的准备,这些内容使他们能够巩固自己的国家地位并积极参与国际社会的活动。正如阿比-萨阿卜所指出的那样,亚非国家针对习惯国际法特定规则采取的折中态度“更多源自这样一个事实,即这些规则创设时

[236] Ibid. ,pp. 203-204.
[237] Fitzmaurice,op. cit. ,pp. 206-207.
[238] Ibid. ,p. 204.

的社会关系和利益结构与新独立国家诞生时的情况是不一样的。"[239]

为保卫自己的利益,非洲国家希望以"限定继承"(*beneficium inventarii*)的方式适用旧的法律。作为国际社会的弱势成员,他们的"挑选"态度基于以下认识:既存的欧洲中心论版本国际法的一些规则有助于他们保护自己,而其他规则也有助于他们巩固国家地位并建立与他国的关系。这些关切都是造成非洲国家自独立之时起即对国际法的特定规范持矛盾态度的原因。他们极为重视自己刚刚获得的主权,但同时又希望促进泛非主义与非洲大陆的统一,并与其他非洲国家建立紧密的合作关系。他们拒绝外界干涉其内政,但同时又希望对少数人统治的非洲国家(如罗得西亚和南非)加以干涉,并为非洲大陆上反抗殖民统治或种族主义政权的斗争提供援助。他们支持所有受到殖民统治和外国压迫的人民行使自决权,但同时又反对将自决权的行使范围扩展到独立的多民族、多种族国家内部意图分离的部分人群,即使这部分人群的分离诉求可能存在正当的理由。他们不同意其国内居住的外国人享有"最低标准待遇",因为他们要阻止某些独立前就已存在的歧视性行为继续存在,但同时又希望吸引外国在经济社会发展方面的投资,并通过外国技术和资本获利。

造成这一矛盾态度的首要原因是这些脆弱的国家对政治稳定与经济发展的双重渴望。促成或支持国家政治经济主权的国际法原则受到推崇,而妨碍非洲国家为了领土反抗殖民统

[239] G. Abi-Saab, "The Newly Independent States and the Rules of International Law", *Howard Law Journal*, Vol. 8, 1962, p. 99.

治和种族压迫的原则则遭到反对。

除了在非洲大陆结束殖民主义的斗争之外,非洲国家还面临着治理方面的难题,这也影响了他们对国际法的接受程度。一个尤其重大的难题是,他们从殖民列强手中继承的领土,和非洲殖民化之前就存在的传统旧国家的领土并不相同,甚至并不相似。在非洲争夺战中,那些传统的国家相继消亡,殖民列强们为促进自己的利益与联盟,共同对这些国家的领土边界进行了再划定。[240] 获得独立后,非洲国家面临着另一个棘手的任务:在殖民列强们划定的国界内重建他们的新国家。殖民列强在划界时随心所欲地将跨越数个国家的民族群体强行聚合或拆散。重新划界或恢复旧王国并非可行的选择,因为这将给部分尚未从殖民统治或种族压迫中解放出来的非洲大陆带来混乱和不稳定,而且民众对独立后经济社会发展的期望仍未得到满足。

这些挑战通过一种混合的路径呈现出来,即既赞成对脆弱国家的稳定与安全具有促进作用的"保守"规范,又支持能够给国际法律制度带来某些变革的"进步"或"革新主义"规范。非洲国家首先仰赖的是联合国、《联合国宪章》及其促进稳定与营造和平环境的目标和原则,以进行国家建构、支援经济社会发展。他们将这些联合国的原则也纳入了自己的泛非主义组织宪章,即 1963 年通过的《非洲统一组织宪章》,以引领非

---

〔240〕 用威尔·索因卡(Wale Soyinka)的话说:"在柏林会议上,殖民列强……汇聚一堂瓜分利益,在一些地方将不同的人民和部落恣意混同,在其他地方则将他们恣意分开,就像个疯狂的裁缝一样,根本不在乎他正在修补的被子的面料、颜色或图案究竟是什么样子的。" *The Sacramento Bee*, Sunday, 15 May 1994, Forum 1.

洲大陆的解放斗争,推动新独立国家之间的合作。[241]

此外,他们也支持习惯法规则的逐步制定与发展,以使来自非洲、亚洲或其他区域国际体系的新加入者有机会对他们从未有过贡献的规则内容施加影响。他们尤其热衷于参与联合国框架下的国际法编纂活动(联合国为此专门成立了国际法委员会)。新独立国家也借助亚非法协的平台阐述自己对一般国际法中某些重要议题的看法。

非洲国家对这些机构的工作尤其表示支持,因为国际社会结构与组成的急速变化要求建立一套能够被修正或调整的法律体系,与之相反的情形就是习惯法规范的演进进程不可能被迅速地改变或革新。在寻找国际层面造法与法律改革的有效方式的道路上,非洲国家发现全世界都在发生的科技进步往往对自己的诉求有利,因为这种进步会使习惯国际法中与人类活动核心领域相关的某些陈旧规则被时代淘汰或排斥,如对海洋资源的利用或对外层空间的开发等。基于这些因素以及保护发展中国家特殊利益的需求,非洲国家青睐于通过国际法委员会这种专业机构对书面规则进行阐释,这种阐释也可以通过国际会议或联大层面的协商完成。这些途径还是查明习惯法规范是否存在或有效的最佳渠道,并使这些规范与国际社会所有成员的关联性得到实践的检验。

为实现这些目标,非洲国家大力支持两种普遍性"造法"程序:一是对联大一般性决议或声明的阐释,二是促进国际法重要领域的法理编纂类公约的缔结——这些领域包括条约法、国家继承、海洋法、外交与领事关系以及国家责任,它们原本都

---

[241] OAU Charter, Art. 3.

属于习惯法规范的范畴。

非洲国家提倡的国际法编纂的宗旨并不是简单地写明或重申既有的法律,因为一旦涉及国际习惯,这些法律在非洲国家眼中就变得不清晰或不明确起来,有时甚至并不受欢迎。相反地,非洲国家主张的编纂观是“发展与校正”,这一精神最早见于《联合国宪章》第 13 条的初稿,后来在最终版本中确定为“国际法之逐渐发展(progressive development)与编纂(codification)”。[242] 在这种语境下,对非洲国家而言,编纂活动对法律发展的意义就体现在填补缺陷上,首要目标是根据世界舞台的新发展对国际法作相应的变革。

最终,这种编纂不可避免地来自国际法的“逐渐发展”,因为这些编纂活动的产物,无论是多边公约还是条款草案,都反映了国际社会观点与利益的多元性。

非洲国家还希望这种“逐渐发展”出自《国际法院规约》第 9 条所载的“世界各大文明”及“各主要法系”。[243]

一位睿智的观察家对当时国际社会的社会学变化作了如下恰如其分的评论:

> 现代国际法从来就不是像古罗马的万民法那样的单一法系产物。但倘若它想继续被接受为国际社会的普遍性法律,它将来就必须在一个比过去更广阔的法律体系下运行。[244]

---

[242] H. Briggs, *The International Law Commission*, 1965, pp. 4-5.

[243] Statute of International Court of Justice, Art. 9.

[244] C. Jenks, *The Common Law of Mankind*, 1958, p. 2.

第四节　对改革旧规则与影响新规则制定的渴望

作为新的国际法主体,新独立的非洲国家都渴望为国际法的发展作出自己的贡献。在泛非主义背景下,他们最迫切的目标就是看到整个非洲大陆摆脱殖民主义和种族主义统治。首先,他们决定通过国际法实现这个目标。于是在联合国机构前,他们将关注的焦点集中在与此相关的两个主要议题上:(一)将自决原则转化为自决权的问题;(二)支援非洲民族解放运动中反抗殖民主义与种族主义统治的武装斗争的合法性问题。除了这两个议题之外,他们还为国际法规则在特定领域的演进付出了巨大的努力,例如,(一)国家对条约的继承问题;(二)海洋法问题,特别是"专属经济区"概念的制定。

一、人民自决权

1920年,瑞典在与芬兰的奥兰群岛(Aaland Islands)争端中援引了人民自决原则。针对这个问题,国联的一个法学家委员会指出:"尽管人民自决原则在政治意义上扮演了重要角色","《国联盟约》却并未提及过它",且其不构成"万国法上的实证规则"。[245] 尽管《联合国宪章》第1条第2款与第55条均提到了自决,许多西方评论家却将其归类为"附带用语",仅将其视为国家间友好关系的基础。[246] 事实上,提及自决的是

---

[245] *Aaland Islands case* (1920), *League of Nations Official Journal Spec. Supp.* 3,3.

[246] See E. Jiménez de Aréchaga, "International Law in the Past Third of a Century", *Recueil des cours*, Vol. 159, 1978, p. 10 1; see also R. Higgins "Self-determination and Secession", in J. Dahlitz (ed.), *Secession and International Law*, 2003, p. 23.

两个明确宪章宗旨的条款,而不是确立规范联合国组织及其成员行为原则的第2条。某些学者将这一现象解读为一个清晰的信号,即自决并非有意被树立为能够引发法律权利或义务的构成性原则。其他学者则反对法定的自决权这一概念,更有甚者,认为这一概念纯属“无稽之谈”,理由很简单:“一个不存在的实体”即“人民”,是不可能成为“一项法律权利的享有者”的。[247] 然而,正如希门尼斯·德·阿莱奇加(Jiménez de Aréchega)1977年在海牙国际法学院的通识课上所恰当描述的那样:

> 在可能促成与《联合国宪章》法规相关的国际法重大发展的情形下,第1条和第55条对“自决”一词的简要提及就有了极其重要的内涵和丰富的法律意义。本质上,对自决原则的这次提及,不啻联合国为殖民地人民解放事业所作贡献的基石,这是该组织有史以来最杰出的一项成就。[248]

正是由于新独立的亚非国家坚持不懈地努力,通过对《联合国宪章》的解释和适用终结了殖民统治和种族主义少数政权,才使这种“简要提及”有可能在联合国的实践中转化为一种成熟的人民权利。这些努力也时常得到并不算国际社会新人的拉美国家和社会主义国家的支持。

《联合国宪章》中规定的人民平等权利与自决原则对国际法产生的最重要影响,体现在非殖民化以及处于殖民压迫、外

[247] Fitzmaurice, op. cit., p. 233.
[248] Jiménez de Aréchega, op. cit., p. 101.

国统治之下的人民建立独立主权国家的权利方面。尽管这种发展可能并非宪章起草者们最初的意图，但无论在法律层面还是政治层面，宪章中对这两项原则的宣示最终使一个民族对另一个民族进行殖民统治的行为不再被容许。1955 年万隆会议宣布全力支持这一明确写入宪章的原则，并形容它是“充分享受一切基本人权的先决条件”。[249] 为充分实现宪章的原则，联大第 1514(XV)号决议宣布：

> 使人民受外国的征服、统治和剥削的这一情况，否认了基本人权，违反了《联合国宪章》，并妨碍了增进世界和平与合作。[250]

决议的这一条款依据的正是《万隆宣言》，后者使用了完全相同的措辞。[251] 与《联合国宪章》的措辞相比，第 1514(XV)号决议在以下声明中甚至走得更远：“所有的人民都有自决权；依据这个权利，他们自由地决定自己的政治地位，自由地发展自己的经济、社会和文化。”[252] 因此，殖民化、外国占领和统治不但被宣布违反了人民的平等权利并与宪章相抵触，而且还被解释为赋予了各国人民摆脱外来压迫、自由决定其政治地位和自己命运的权利。这两个概念是相互依存的，侵犯人民的平等权利就产生了人民自决权，而相关人民在行使自决权的同时也实现或重拾其平等权利。

第 1514(XV)号决议禁止殖民列强否认自决权的行为，包

---

[249] Hassouna, op. cit., p. 128.

[250] GA res. 1514.

[251] Hassouna, op. cit., p. 129.

[252] GA res. 1514.

括以各种借口拖延或拒绝殖民地人民的独立,企图通过分割非自治领土的方式霸占部分领土,或使用武装力量和镇压手段打击和平的解放运动或政党。更重要的是,它要求殖民列强立即采取措施,依照附属地人民"自由地表示的意志和愿望……无条件和无保留地将所有权力移交给他们,使他们能享受完全的独立和自由"。[253] 它还禁止对为实现自决权而斗争的殖民地人民使用武力,规定"必须制止各种对付附属国人民的一切武装行动和镇压措施,以使他们能和平地、自由地行使自己实现完全独立的权利;尊重他们国家领土的完整"。[254]

联合国非殖民化特别委员会的成立,[255] 以及国际人权两公约和 1970 年《国际法原则宣言》在联大的通过,强化了第 1514(XV)号决议。《公民权利和政治权利国际公约》与《经济、社会和文化权利国际公约》第 1 条都特别宣示,"所有人民享有自决权","他们依这种权利自由决定自己的政治地位",而两公约缔约国都被要求"应在符合《联合国宪章》规定的条件下,促进自决权的实现,并尊重这种权利"。[256]

同样,1970 年《国际法原则宣言》也声明,"根据《联合国宪章》所尊崇之各民族享有平等权利及自决权之原则,各民族一律有权自由决定其政治地位"。[257]

---

[253] Ibid.

[254] GA res. 1514.

[255] GA res. 1654 (XVI), 16 UN GAOR, Supp. (No. 17), at 65, UN doc. A/4684 (1961).

[256] International Covenant on Civil and Political Rights, 16 December 1966, 999 *UNTS* 17 Art. 1; International Covenant on Economic, Social and Cultural Rights, 16 December 1966, 993 *UNTS* 3, Art. 1.

[257] GA res. 2625 (XXV) (hereinafter GA res. 2625), 24 October 1970, UN doc. A/8028.

然而,这份宣言最重要的一项贡献在于,其强调殖民地局势与冲突不应被视为属于各国的内政范畴。例如,宣言明确规定:

> 殖民地领土或其他非自治领土,依宪章规定,享有与其管理国之领土分别及不同之地位;在该殖民地或非自治领土人民依照宪章尤其是宪章宗旨与原则行使自治权之前,此种宪章规定之分别及不同地位应继续存在。[258]

这一特别原则反驳了葡萄牙声称莫桑比克、安哥拉及其他葡属非洲殖民地是其领土一部分的说法。[259] 被葡萄牙武力占领的非洲领土上的人民早已投入了民族解放运动的战斗中,联合国内的非洲集团也始终坚持这些土地不可被并入葡萄牙,宣言的规定则为这种论断赋予了法律地位。[260] 作为非洲大陆上更广泛的争取自决权运动的组成部分,独立的非洲国家同时坚信其有权向反抗葡萄牙殖民侵略与压迫的解放运动提供援助与支持。[261]

人民自决从一项宪章原则最终转变为一项被国际法承认的权利及习惯法规则,是通过国际法院的若干咨询意见实现的。在1971年关于纳米比亚问题的咨询意见中,国际法院承认,新独立的亚非国家在国际舞台上崛起后,联合国的一系列实践为国际法带来重大发展。

---

〔258〕 Op. cit. footnote 257.

〔259〕 SC res. 180, 31 July 1963, UN doc. S/5380.

〔260〕 GA res. 2625.

〔261〕 See infra, subsection 2, The Legality of Assistance to Liberation Movements.

国际法院认为：

与本诉讼相关的领域，正如上文所指出的，在过去 50 年内迎来了重要的发展。毫无疑问，这些发展明确了神圣托管的目标应是相关人民的自决和独立。和其他领域一样，万民法法典在这一领域也得到了相当程度的丰富。本法院不可忽视忠实履行这一职责的需要。[262]

按照对《联合国宪章》第 80 条第 1 款[263]的这种解释逻辑，国际法院指出："本条款的一个突出特点是作出了有利于维护'任何人民'的权利的规定，从而将委任统治地的居民，尤其是土著居民，都明确纳入了这项规定的范畴。"[264]通过强调附属地人民的权利，法院认为，此类人民可成为国际法权利的享有者与国际法义务的承担者，尽管当时多数学者认为，只有国家才可享有这种权利和负担这些义务。在这种情况下，国际法院实际上宣布了自决原则适用于所有附属地人民。

1975 年，即"纳米比亚案"咨询意见发表后的几年，国际法院又在"西撒哈拉案"咨询意见中明确将自决描述为"人民的权利"，[265]将其在"纳米比亚案"论述过程中的立场即单纯的"自决原则"又推进了一步。这反映出自决在联合国实践中的

---

[262] *ICJ Reports* 1971, pp. 31-32.

[263] 《联合国宪章》第 80 条第 1 款规定："除依第 77 条、第 79 条及第 81 条所订置各领土于托管制度下之个别托管协定另有议定外，并在该项协定未经缔结以前，本章任何规定绝对不得解释为以任何方式变更任何国家或人民之权利，或联合国会员国个别签订之现有国际约章之条款。"

[264] *ICJ Reports* 1971, p. 33.

[265] *Western Sahara*, *Advisory Opinion*, *ICJ Reports* 1975, p. 31.

演进,特别是1514(XV)号决议造成的影响。根据国际法院的意见,人民自决不仅从一项原则发展为一项权利,而且被确立为一项国际社会所有成员都应尊重和适用的习惯国际法规则。[266]

二、为民族解放运动和为推翻殖民统治而使用武力的行为提供支援的合法性

泛非主义始终坚持的一个主要目标,就是使非洲大陆彻底摆脱殖民统治、种族主义和种族隔离制度。正是这一目标,促生了统一整个非洲大陆以及由一个大陆组织领导这片土地上解放斗争的诉求。非洲统一组织成立后,将从非洲根除一切形式的殖民主义确立为其目标,[267]并要求其成员国"绝对致力于将仍处于附属地位的非洲领土彻底解放"。[268]泛非组织的成员国还通过了一项关于非殖民化的决议,该决议被认为和《非洲统一组织宪章》本身一样重要。[269]决议宣布,殖民主义"明目张胆地违反了有关领土上合法居民不可剥夺的权利",并申明"所有非洲独立国家均有义务支持非洲附属地争取自由和独立的斗争"。[270]该决议还促请各殖民列强终止其在非洲的殖民统治,并呼吁各大国"停止他们对葡萄牙政府的支持和援助"。决议认为,这种支持和援助是"在非洲进行一场真正的

---

[266] See ibid.

[267] OAU Charter, Art. 2(1)(d).

[268] Ibid., Art. 3 (6).

[269] The Summit Conference of Independent African States meeting in Addis Ababa, Ethiopia, 22-25 May 1963, OAU Doc. CIAS/Plen. 2/Rev. 2.

[270] Ibid.

种族灭绝战争”。[271]

不过，该决议最重要的特点是规定成立后来被称为“解放委员会”的机构，在决议的官方文本中则被描述为“协调委员会……负责协调非洲各国的援助行动，以及为此目标设立的特别基金”。[272] 特别基金的资金来自各成员国的自愿捐献，并被用于“为各非洲民族解放运动提供必要的物质和财政援助”。[273] 决议本身虽然并未明确提及对民族解放运动进行军事援助，几乎所有代表团在决议通过之前的发言都毫无疑问地表示，委员会的主要宗旨就是为民族解放运动对非洲各国进行军事训练，并为他们提供必要的物质和财政援助。

阿尔及利亚、乌干达和几内亚的国家领导人就提供军事援助事宜作出了承诺，包括派遣志愿部队及为解放运动提供训练设施等。[274]

此外，该决议呼吁非洲各国在其领土上接纳：

> 解放运动中的民族主义者，以便为他们提供各方面的训练……以及在各国提升所有物质援助的运输水平，并在各领域建立志愿者机构，以便为各种非洲民族解放运动提供……覆盖各领域的……援助。[275]

新独立的非洲国家已做好准备为仍受到殖民者或种族主

---

[271] Ibid.

[272] Ibid.

[273] Op. cit. footnote 269.

[274] Dugard, op. cit., pp. 160-161.

[275] The Summit Conference of Independent African States meeting in Addis Ababa, Ethiopia, 22-25 May 1963, OAU Doc. CIAS/Plen. 2/Rev. 2.

义者压迫的非洲国家提供军事援助，这一点早已不是秘密，尽管这会遭到殖民主义或种族主义政权的反对和抗议，甚至偶尔会对他们的领土发动军事攻击。[276] 非洲国家将殖民主义视为一种违反《联合国宪章》的侵略行为，而他们则享有宪章赋予的集体自卫权。[277] 根据他们的解释，自卫权适用于被殖民者或少数种族主义者占据的领土上正在行使自决权的受压迫人民。对这些国家而言，这一论点的法理依据可见于《给予殖民地国家和人民独立宣言》第 4 条，规定：

> 必须制止各种对付附属国人民的一切武装行动和镇压措施，以使他们能和平地、自由地行使自己实现完全独立的权利；尊重他们国家领土的完整。[278]

因此，非洲国家主张人民在行使自决权时有权对殖民统治采取自卫行动，这一观点与联合国在非殖民化领域的实践是一致的，特别是对第 1514(XV)号决议而言，因为处于殖民者或少数种族主义者统治下的非洲各民族正因行使自决权的斗争而遭受镇压。的确，倘若不能在殖民主义或少数种族主义政权企图迫使人民屈服的镇压措施下捍卫自决权，联合国对自决权的承认将毫无意义。然而，其他国家(新独立的非洲国家)支援人民独立斗争的权利引发了有关宪章的其他法律问题，尤其

---

[276] 20 世纪 60—70 年代，塞内加尔数次在安理会指控葡萄牙对其进行武力攻击。See SC res. 273, 9 December 1969, UN doc. S/RES/273; SC res. 294, 15 July 1971, UN doc. S/RES/294.

[277] UN Charter, Art. 51.

[278] GA res. 1514.

是和禁止使用武力原则与不干涉原则相关的问题,从而要求对联合国的实践及与其他适用于非殖民化领域的原则相关的实践作进一步的澄清。非洲国家和不结盟运动在联合国关于《国际法原则宣言》问题特别委员会的讨论中便作出了澄清。加纳、印度和南斯拉夫向该委员会递交了一份议案,其中规定"禁止使用武力原则不应影响人民在行使自决权时对殖民统治进行自卫的权利"。[279] 这一议案在特别委员会引发了不少争议,但依据人民平等权利与自决原则,其最终还是以如下措辞定稿通过:

> 每一国均有义务避免对上文阐释本原则时所指之民族采取剥夺其自决、自由及独立权利之任何强制行动。此等民族在采取行动反对并抵抗此种强制行动以求行使其自决权时,有权依照宪章宗旨及原则请求并接受援助。[280]

在联大随后关于国际法中侵略行为定义的辩论中,[281] 阿尔及利亚、埃及、加纳、肯尼亚和塞内加尔等非洲国家便援引这一条款,主张"受到殖民统治、种族主义政权或其他形式的外国统治的人民争取自决、自由和独立的武装斗争是合法使用武力的例证",并推导出一个原则,即"任何国家都有权利甚至义务提供一切形式的援助以确保该权利的行使"。[282]

作为特别委员会工作的成果,第 2625(XXV)号决议在联

---

[279] Proposal of 11 Non-Aligned States, 22 March 1966, UN doc. A/AC. 125/L. 21.

[280] GA res. 2625.

[281] GA res. 3314, 14 December 1974, UN doc. A/RES/3314 (XXIX).

[282] "The Question of Defining Aggression", *United Nations Yearbook*, 1974, p. 846.

大全票通过。这一支持率表明,该决议代表了联合国所有会员国对《联合国宪章》七项原则的共识,甚至连前殖民国家也加入了这个行列。这七大原则在决议中得到了清晰的阐述与解释。1970年《国际法原则宣言》的通过是新独立的非洲国家和发展中国家的一大胜利,因为他们的许多关于国际法构成性原则的观点和立场都被纳入或体现在决议当中。关于人民平等权利和自决原则的开创性规定,解决了许多殖民统治或外国压迫下人民行使自决权过程中产生的法律争议,是一件尤其令非洲国家感到满意的大事。更重要的是,第2625(XXV)号决议标志着联合国非殖民化实践的一次升华,进一步建构了外部自决权,使其成为联大对《联合国宪章》的一种适格解释,彰显了联大作为宪章的主要解释机构的权威。正如阿比-萨阿卜所总结的,决议的各项规定确立了适用于殖民压迫或外国统治情形的如下规则:

(一)它清楚地表明,殖民政府出于否定自决权的动机而采取的"强制行动"或使用武力行为是被禁止的。

(二)相反地,根据宣言的规定,武装反抗以武力实行或维持的殖民主义或外国统治的行为是正当的。换言之,根据宪章,解放运动有诉诸战争的权利。

(三)这些运动寻求和得到支援的权利必然意味着,他们在国际法和国际关系中拥有法定地位。

(四)这一权利也必然意味着,第三国可以从容地对待解放运动,对后者的援助甚至承认都不会被认为是一种不成熟的举动或构成对殖民宗主国政府内政的干涉。

(五)最后,基于上述几点以及对自决作为一种国际法认可的法律权利的承认，在行使这一权利的斗争中产生的武装冲突以及对外界强制剥夺这种权利的反抗必须被视为一种国际性武装冲突，并完全适用战争法。[283]

由联合国贡献的这些规则，特别是有关殖民压迫或外国统治下的人民权利的内容，成为对《联合国宪章》之前就存在的习惯法规范进行修正和革新之路上的一座里程碑。它们也使泛非运动在其彻底解放非洲大陆人民的斗争中表达的诉求得到了全世界的认可。

三、国家对条约的继承问题

非殖民化后国家对条约的继承问题，虽然不像平等权利与自决原则那样是泛非运动的核心目标，但还是得到了非洲国家的特别关注，因为其涉及国家功能的独立性。上文所述的尼雷尔主义，正是新独立的非洲国家为解决这些关切问题而提出的一种创新性解决方案，由 1962 年后获得独立的非洲国家[284]与有类似情形的其他国家[285]提出。这一时期，国际法委员会正制定有关国家继承的规则，而鉴于非洲国家的新实践及新独立国家就权力移交协议问题表达的关切，联大建议国际法委员会应当：

---

[283] G. Abi - Saab, "The Third World and the Future of the International Legal Order", *Revue égyptienne de droit international*, Vol. 29, 1973, pp. 47-48.

[284] "Draft Articles on Succession of States in respect of Treaties with Commentaries" (hereinafter Draft Articles on State Succession), *Yearbook of the International Law Commission*, 1974, Vol. Ⅱ, pp. 187-193. 肯尼亚、乌干达、博茨瓦纳、莱索托、毛里求斯、布隆迪、马拉维、刚果、桑给巴尔、坦噶尼喀、赞比亚和斯威士兰作出的声明均援用了尼雷尔主义并对其措辞作了些许调整。

[285] Ibid. 汤加、巴巴多斯、巴哈马、斐济和圭亚那同样援用了尼雷尔主义。

继续开展有关国家与政府继承问题的工作，需考虑大会第17届会议上表达的观点以及国家与政府继承问题小组委员会的报告，后者适当参考了第二次世界大战以来取得独立的国家意见。[286]

在《联合国宪章》强化的非殖民化背景下，国家继承的后果必须取决于自决原则和第1514(XV)号决议，该决议特别规定，主权移交必须做到"依照这些领地的人民自由表示的意志和愿望……无条件和无保留地将所有权力移交给他们"。[287]这条规定得到了国际法委员会的确认。在其1972年提交给联大的报告中，委员会不仅申明自决是国家继承必须遵循的一项基本指导原则，同时还强调：

委员会认为，在得到恰当理解与限制的前提下，新国家根据"白板规则"确立其条约关系的传统原则更符合自决原则。[288]

由此可见，国际法委员会在处理国家与政府继承事宜时考虑到了尼雷尔主义及新独立非洲国家关于国家条约继承的实践。[289]

国际法委员会审查了若干非洲国家关于条约继承的声明，[290]这些声明以不同的形式支持了尼雷尔主义。委员会认

[286] GA res. 1765 (XVII), 20 December 1962, UN doc. A/RES/1765, para. 3.

[287] GA res. 1514, para. 5.

[288] Report of the International Law Commission, 24th session, 22 July 1972, UN doc. A/8710, p. 81.

[289] Y. Makonnen, op. cit., pp. 139-147.

[290] See supra, footnote 285.

定，这一国家实践“有利于相关领土上曾适用条约的继续临时适用”，且值得在适用于新独立国家的条款编纂中考虑这一点。[291] 结果，非洲国家关于条约继承的立场在国际法委员会的条款草案中得到了充分反映，并成为《关于国家在条约方面的继承的维也纳公约》得以通过的基础。公约第 16 条规定：

新独立国家对于任何条约，不仅仅因为在国家继承日期该条约对国家继承所涉领土有效的事实，就有义务维持该条约的效力或者成为该条约的当事国。[292]

公约第 27 条、第 28 条和第 29 条还收录了尼雷尔主义所阐述的条约暂时适用的概念，在被继承国缔结的双边或多边条约暂时适用的期限内，继承国将决定其是否希望继承这些条约。[293]

对非洲国家来说，他们关于移交协议的观点和实践被纳入该公约是一大胜利。尤其重要的是公约第 8 条第 1 款对尼雷尔主义的编纂，具体规定如下：

被继承国依照在国家继承日期对领土有效的条约而履行的义务或享有的权利，不仅仅因为被继承国同继承国曾经缔结协定，规定把这种义务或权利移转给继承国的事实，就成为继承

---

[291] Draft Articles on State Succession, p. 193.

[292] Vienna Convention on the Succession of States in respect of Treaties, 23 August 1978, 1946 *UNTS* 3, Art. 16.

[293] Op. cit. footnote 292, Arts. 27-29.

国对这些条约的其他当事国所履行的义务或享有的权利。[294]

四、海洋法上专属经济区概念的创设

实现独立的非洲国家,对当时适用于沿海离岸生物或非生物资源的勘探和开发的习惯国际法规范也表示不满。他们没有参与 1958 年版和 1960 年版《海洋法公约》的谈判和制定,渴望通过联合国主持的新国际协商机制对海洋法制度进行修正。因此在 1969 年,18 个非洲国家连同其他发展中国家向联合国提议召开一次会议,对各项有关海洋法的《日内瓦公约》进行审议。[295] 他们将这样的会议视为非洲各国政府作为正式的国际社会成员对未来的海洋法制度施加影响的独特机遇。

当联大于 1972 年召开第三次联合国海洋法会议之时,[296] 非洲国家已做好准备,要通过区域内(如非洲统一组织)和跨区域机构(如亚非法协)作出有效的贡献。例如,在 1972 年亚非法协会议上,肯尼亚代表团在其提交的一份工作文件中提出了"专属经济区"的概念。[297] 设立专属经济区的主要目的是保障沿海国的资源及其他经济利益,并避免对超出领海范围的洋面的其他利用进行不当的干涉。专属经济区的外限为 200 海里,包括 12 海里的领海范围。正如工作文件中所述:

专属经济区概念是建立发达国家与发展中国家间海洋利

[294] Op. cit. footnote 292, Art. 8, para. 1.

[295] See UN doc. A/C. 1/L. 475/Rev. 3 and Add. 1 (1969).

[296] GA res. 2750-C (XXV), 17 December 1970, UN doc. A/AC. 138/58.

[297] See A. Yusuf and F. Zaoui, "L'influence des Etats africains sur la formation des règles relatives à la zone économique exclusive", in *Liber Amicorum Raymond Ranjeva*, 2013, p. 397.

用冲突解决框架的一种尝试。它试图制定一种新的管辖权依据，以确保沿海国和其他邻近水域利用者之间的公平与平衡。[298]

作为日本在海洋法会议上的代表，小田滋(Shigeru Oda)法官回忆道，肯尼亚代表团的提案尤其受新独立的亚非国家欢迎。尽管他本人更温和地建议在12海里领海范围内赋予沿海国优先捕鱼权，最终还是肯尼亚人占了上风。[299] 亚非法协对工作文件中的建议表示赞同，并将其提交给1973年在印度新德里举行的委员会会议表决。[300] 与此同时，非洲国家于1972年在雅温得举行了海洋法区域研讨会，会议结论特别申明，非洲国家有权建立专属经济区，他们在经济区内拥有为其民众利益开发海洋生物资源、管控海洋污染及从事海洋科学研究的专属管辖权。[301] 非洲国家阐明的专属经济区概念，类似于拉美国家在1972年加勒比国家关于海洋问题的专门会议上提出的“承袭海”(patrimonial sea)概念。关于承袭海的宣言规定：

沿海国对毗邻领海，被称为“承袭海”的区域的海床和底土海域中的可再生和非可再生资源拥有主权权利。

沿海国有义务促进并有权从事承袭海范围内的科学研究行为，有权采取必要的措施防止海洋污染并确保其对这一区域

[298] AALCC, Report of the 13th Session, Lagos, Nigeria, 18-25 January 1972, p. 24

[299] S. Oda, *Fifty Years of the Law of the Sea: With a Special Section on the International Court of Justice*, 2003, p. 667.

[300] AALCC, Report of the 14th Session.

[301] Report of the African States' Seminar on the Law of the Sea, 20-30 June 1972, 21 July 1972, UN doc. A/AC. 138/79, 21 July 1972.

资源的主权。

这一区域宽度的确定应依据一项国际协议，最好建立一项世界公认的标准。在考虑到地理环境的情况下，包括领海和承袭海在内的整个海域宽度最大值不应超过 200 海里。[302]

尽管存在相似之处，这两个概念仍在许多方面有所不同。第一，也是最重要的一点，就是发展中国家对这两个概念的接受程度。承袭海的概念从未得到过拉美以外国家的认可，而专属经济区概念则广受亚非国家的欢迎。通过在两大洲举行的历次亚非法协会议的努力，亚非国家得以就专属经济区问题发展出一个与新独立国家海洋法利益相关的一般性对话机制。

对这些国家而言，采纳专属经济区概念并支持其有利于发展的创新性特征受到了经济意义上的自决以及对自然资源永久主权原则的影响，创新性特征正是拉美承袭海理念所缺少的。

第二，非洲专属经济区概念中最突出的创新性特征，是使内陆邻国和地理位置不利的国家参与经济区内生物资源的开发成为可能。这些国家的国民在经济区内活动的唯一限制，就是这些国家运营的海洋资源开发企业必须由非洲资本和人员有效控制。但这种限制不应被解读为一种抑制手段。相反地，它是新独立和不发达的非洲国家的统一与团结在资源所有权领域的重要体现，旨在通过开发利用这些资源促进自己的发展。

专属经济区概念得到了非洲统一组织海洋法专家组的背

---

〔302〕 Declaration of Santo Domingo, Specialized Conference of the Caribbean Countries on Problems of the Sea, 7 June 1972, UN doc. A/AC. 138/80.

书,并于1973年5月由非洲统一组织部长理事会一致通过,后来又被收入1974年《非洲统一组织关于海洋法议题的宣言》,其中特别申明:

> 非洲国家承认各沿海国家有权建立专属经济区,其宽度从测算领海宽度的基线量起,不应超过200海里。
>
> 沿海国应对该区域内所有生物和矿物资源享有永久主权,并在管理该区域时避免对其他合法利用海洋的行为进行不当干涉,即航行自由、飞越自由及电缆和管道铺设的自由。
>
> 非洲国家认为,经济区内的科学研究和海洋污染控制行为应依据沿海国的管辖权进行实施。
>
> 为使该区域的资源惠及全体人民,非洲国家承认内陆国和其他处于不利地位的国家均有权在非洲团结的基础上与沿海国国民平等分享邻近经济区内的资源,并可依据与此相关的区域或双边协定执行。[303]

这些基本原则和权利,1972年又由14个非洲国家在提交给联合国海底委员会日内瓦会议的《关于专属经济区概念的草案条款》中作了进一步完善。

除上述原则之外,条款草案还强调:

> 对尚未获得完全独立或其他联合国认可的自治地位的领土上的人民而言,专属经济区内的资源权利属于该领土人民。这些权利应由这些人民为他们的利益及根据他们的需求行使。

[303] See UN doc. A/CONF. 62/33 (1974).

这种权利不可由管理或占领或声称管理或占领该领土的外国势力确认、行使、从中受益或以任何方式侵犯。[304]

从那时起,专属经济区的概念通过长期的海洋法谈判逐渐发展起来,并最终被联合国海洋法会议的所有与会国接受。如今,有关专属经济区的规则已被纳入1982年《联合国海洋法公约》,并被视为习惯国际法的一部分。非洲国家在这些规范发展过程中的作用不容否认,非洲统一组织在专属经济区概念的发展与完善过程中为促进非洲国家合作而扮演的角色同样不容小觑。就这样,通过他们的泛非主义组织,非洲国家得以促进海洋法领域普遍适用的新习惯法规则不断发展。

[304] See UN doc. A/CONF. 62/C. 2/L. 82 (1974).

第四章 泛非主义机构与规范的演进：从非洲统一组织到非洲联盟

2000年7月11日，非洲国家在多哥洛美通过了《非洲联盟组织法》，此时距1960年（这一年在历史上被誉为"非洲独立年"，全年共有17个非洲国家赢得独立——译者注）已经过去了40年，距离南非人民从种族隔离的灾祸中解放出来也已过去了6年。在利比亚苏尔特举行的非洲统一组织会议作出了成立非洲联盟的决定。非洲统一组织国家元首与政府首脑大会特别会议通过了《苏尔特宣言》，该宣言呼吁成立一个全新的泛非主义组织。

《苏尔特宣言》第5条、第6条总结了发起建立新机构治理框架的动议的理由：

（五）当我们准备进入21世纪并意识到我们的大陆和人民即将面对的挑战之时，我们强调，当务之急与高度的紧迫感在于重新点燃我们的人民对于更强有力地统一、团结和凝聚在一个超越文化、意识形态、民族和国家分歧的更加广大的民族共同体之中的渴望。

（六）为了应对上述挑战并有效地应对非洲和全世界面临的社会、政治和经济新情况，我们决心满足自己人民的意愿，依照《非洲统一组织宪章》和《建立非洲经济共同体条约》的各项目标，实现更伟大的统一。我们的信念还包括让我们的非洲大陆组织重新恢复活力，使其能够发挥更加积极的作用，继续顺应我们人民的需求，顺应当前环境的需要。我们还决心消除冲突带来的祸患，这些祸患已经构成执行我们发展与一体化议程的主要障碍。[305]

《非盟组织法》在序言中进一步阐述了成立非盟的理由，尤其包括：非洲国家促进和保护人权与民族权的决心、巩固民主政制与文化的决心、保障善治与法治的决心，以及在各国政府与公民社会各行业之间建立伙伴关系的决心，特别是那些致力于妇女、青年事业的行业，以及旨在加强非洲大陆人民团结和凝聚力的私营行业。[306]

这些非洲大陆新框架的构成要素，都是泛非主义从非洲统一组织过渡到非盟的过程中所经历的更广泛规范与制度转型

[305] Sirte Declaration, Fourth Extraordinary Session of the Assembly of Heads of State and Government (hereinafter Sirte Declaration), 8-9 September 1999, OAU Doc. EAHG/Draft/Decl. (IV) Rev. 1.

[306] Preamble, Constitutive Act of the AU.

的一部分。非盟将如何重燃非洲人民对泛非统一和团结的渴望并顺应他们的需求?它将如何消除非洲大陆内部冲突的祸患?它将以何种方式促进和保护人权与民族权,保障善治与法治?它如何计划在非洲各国政府与公民社会各行业之间构建伙伴关系?在探寻这些问题的答案时,我们也会比照过去非洲统一组织针对这些问题所采取的措施(如果有的话)以及遇到的障碍。

第一节　重燃非洲人民对更强有力的统一和团结的渴望

刚刚独立的非洲各国是虽相互毗邻却政治孤立的实体,相较于和前殖民宗主国之间的联系,新独立国家互相之间的关联可谓微乎其微。这种正式合作关系的缺位,又会在邻国之间的猜疑和不信任中进一步复杂化。这是由殖民者恣意划定的边界造成的,它使国家与民族支离破碎,令亲人朋友天各一方。由于新获得权力的各国领导人不愿放弃自己的权威去拥抱更大的政治实体,泛非主义非洲大融合理想的实现变得尤为困难。因此,尽管 1963 年非洲统一组织的建立成为泛非主义大融合的第一步,它却远远没有达到加纳的夸梅·恩克鲁玛和几内亚的艾哈迈德·塞古·杜尔(Ahmed Sekou Touré)等泛非联邦主义者的期望,也未能回应纳姆迪·阿基克韦(Nnamdi Azikiwe)等其他泛非主义者的抱负。在其 1961 年于伦敦发表的一篇关于泛非主义未来的演讲中,阿基克韦预测道:

未来必定会有一个非洲的利维坦以国家间政治组织、社团、联盟或协调机制的形式出现。这个利维坦可能以非洲大陆为基础……也可能以一种区域化的形式呈现，在这种情况下，我们或许会见证北非国家联盟、西非国家联盟、中非国家联盟、东非国家联盟或南非国家联盟的崛起。[307]

根据阿基克韦的构想，这样一个被他描述为“非洲协作”(concert of Africa)的“利维坦”(Leviathan，出自英国早期启蒙思想家托马斯·霍布斯的代表作《利维坦》，原是《圣经》所记载的一种威力无比的海兽，霍布斯以此为意象比喻强有力的主权国家——译者注)必需的治理架构包括国家元首或政府首脑大会、泛非议会、泛非秘书处、泛非法院、一项经济合作公约、一项集体安全公约以及一项人权公约，以宣告“非洲协作成员国基于法律对自由的信念”。[308]

非洲统一组织在初创之时并未设立阿基克韦、恩克鲁玛和其他泛非运动领导人所设想的上述大多数基于独立非洲的综合性机构或集体项目。作为一个泛非机构，非洲统一组织明显偏重于泛非主义的解放理念。在该组织成立的前10年里，促进非洲融合的努力只能居于次要地位。然而，从20世纪70年代末开始，侧重于非洲一体化的泛非主义开始呈现复苏的势头，特别是在经济发展领域。

不过，非洲统一组织眼中最可行的非洲一体化途径是渐进式的区域一体化，即致力于打造一系列次区域融合计划，以促使次区域内部的各国之间进行更为紧密的经济和海关合作。

[307] N. Azikiwe, *The Future of Pan-Africanism*, 1961, p. 13.
[308] Ibid.

正是基于这一发展路径,西非国家经济共同体(以下简称"西非经共体"——译者注)、南部非洲发展协调会议、东部和南部非洲特惠贸易区和中部非洲国家经济共同体分别于 1975 年、[309] 1980 年、[310] 1981 年[311] 和 1983 年[312] 成立。虽然有人主张,区域主义或非洲大陆内部区域一体化项目的构建是一种循序渐进的泛非融合主义路径,但非洲统一组织并未放弃寻求整个大陆层面的更紧密的一体化,尤其是经济层面的一体化,因为后者被视为非洲国家减少对前殖民宗主国依赖、提升国际谈判地位的重要因素。为促进经济层面一体化目标的实现,非洲统一组织成员国制定了《拉各斯行动计划》,并于 1980 年通过了这一文件。[313] 在该文件的附件《拉各斯最后文件》中,非洲各国元首和政府首脑重申,他们"承诺在即将缔结的一项条约的基础上,在 2000 年之前成立非洲经济共同体,以确保非洲大陆经济、社会和文化的一体化"。[314] 最终,51 个非洲国家于 1991 年 6 月 3 日签署了旨在成立非洲经济共同体的条约(一般被称为《阿布贾条约》),该条约于 1994 年 5 月 12 日正式生效。然而,非洲经济共同体本身尚未开始运作。

除了创设《拉各斯行动计划》和《阿布贾条约》的动议之

---

[309] Treaty Establishing the Economic Community of West African States, 28 May 1975, 1010 *UNTS* I-14843, Art. 1.

[310] Declaration by the Governments of Independent States of Southern Africa Made at Lusaka on 1 April 1980.

[311] Eastern and Southern African States: Treaty for the Establishment of a Preferential Trade Area, 21 December 1981, 21 ILM 479.

[312] Treaty Establishing the Economic Community of Central African States, 19 October 1983, 23 ILM 1984.

[313] Organization of African Unity, Lagos Plan of Action for the Implementation of the Monrovia Strategy for the Economic Development of Africa, April 1980, Annex I.

[314] Ibid., Section Ⅱ. A.

外,非洲统一组织于 1979 年 7 月蒙罗维亚峰会期间还作出了其他两项重要决定,旨在弥补该组织在促进实现泛非主义理念方面的缺陷。

第一,国家元首和政府首脑大会决议呼吁拟订一份《非洲人权和民族权宪章》。[315] 决议认识到:

> 保护基本人权和民主自由的政体,对于调动我们人民在经济发展和科技创新领域的首创精神来说是必不可少的。[316]

第二,大会决定设立一个宪章审查委员会,充分考虑非洲统一组织自 1963 年成立以来倡导泛非主义的历程,针对《非洲统一组织宪章》内容提出修改意见。虽然对宪章的审查工作并不成功,且不得不在近 20 年后因缺乏进展而被放弃,《非洲人权和民族权宪章》还是在 1981 年 6 月获得通过,并于 1986 年 10 月生效。[317]

《非洲人权和民族权宪章》的通过与后续的批准,同非洲统一组织解放委员会的功绩以及该组织为在非洲大陆上清除殖民主义与种族主义少数派统治所作的不懈努力,一道成为该组织近 40 年历程中屈指可数的杰出成就。然而,《非洲人权和民族权宪章》的生效与非洲人权和民族权委员会的成立,并不能遏制 20 世纪最后 30 年内发生在整个非洲大陆的人权侵害浪潮。曾在殖民统治下为人权与尊严艰苦斗争了一个多世纪

---

[315] OAU Doc. AHG/ST. 3(XVI), Rev. 1, July 1979.

[316] Ibid.

[317] Resolution Adopting the Draft African Charter on Human and Peoples' Rights, 27 June 1981, OAU Doc. AHG/Dft. Res. 55.

的非洲各国人民，在获得独立之后却被迫继续重复上演侵犯人权的戏码，这的确是件自相矛盾的怪事。这就是非洲独立的悲剧之一：尽管泛非运动的理想和愿景很美好，民族解放却并不总能为这片大陆上饱受奴役和殖民之苦的人民带来自由。随着《非洲人权和民族权宪章》的通过，以及非洲人权和民族权委员会、非洲人权和民族权法院及非盟的成立，尽管问题依然存在，但情况看起来终于有了转机。无论如何，今天我们终于建立起了一个旨在保护非洲人民人权的全大陆级别的规范性和体制性框架。令人遗憾的是，这样的机制在非洲独立的前40年里长期缺位。正如非洲人权和民族权委员会最近所指出的那样：

> 有一派学说……相信非洲的“民族权”只有在面对外来侵略、压迫或殖民的时候才得以被主张。本委员会对此持不同意见。由非洲各国参与制定的《非洲人权和民族权宪章》旨在保护非洲人民的人权和民族权，无论其面临的侵害是来自外部还是内部。[318]

尽管非洲统一组织在制定《阿布贾条约》和《非洲人权和民族权宪章》的过程中发挥了作用，但经过近40年的沉浮，它在全面实现泛非主义理想以及落实人民对统一和团结的愿望、防止非洲大陆内部冲突蔓延的能力方面，局限性也表现得十分明显。非洲统一组织也已成为那不合时宜的宪章的囚徒，在非

---

〔318〕 See *Sudan Human Rights Organisation & Centre on Housing Rights and Evictions (COHRE)* v. *Sudan*, 279/03-296/05, African Commission on Human and Peoples' Rights, May 2009, para. 222.

洲各国需要共同行动处理共同问题之时，过分强调和膜拜尊重国家主权与不干涉国家内政的原则。更糟糕的是，尽管非洲统一组织与既有的区域经济共同体在各部门、机构、职能和业务层面持续进行合作，《阿布贾条约》的执行却几乎没有任何进展，因为该组织缺乏整合或吸纳区域经济共同体的整体战略。[319]

例如，《阿布贾条约》第 88 条规定，非洲经济共同体的建立应以统筹和协调各区域经济共同体的活动为主，从而使后者最终融入非洲共同市场。但是，非洲统一组织从未就统合区域经济共同体一事采取过任何其他行动，只是在 1988 年由六个区域共同体（东南非共同市场、萨赫勒–撒哈拉国家共同体、中非国家经济共同体、西非国家经济共同体、政府间发展组织、南部非洲发展协调会议）与非洲经济共同体就相互关系签定了一份议定书，包括以下特别目标：壮大已有的区域共同体力量，根据《阿布贾条约》加强各类政策、措施与项目的统筹和协调，促成各区域共同体之间更加密切的合作，以及为区域共同体和非洲经济共同体之间关系的管理提供一个制度性框架。

相比之下，非盟为建立非洲大陆经济一体化采取了更加积极的措施，且并未使自己的地位受到《阿布贾条约》教条的束缚。与《非洲统一组织宪章》不同，《阿布贾条约》既没有被《非盟组织法》废止，也没有被其取代。因为《非盟组织法》第 33

---

〔319〕 目前非盟承认的八个非洲主要区域经济共同体包括：(1)西非国家经济共同体，成立于 1975 年；(2)东南非共同市场，其前身为 1981 年成立的东部和南部非洲优惠贸易区，1994 年正式转变为共同市场；(3)南部非洲发展共同体，成立于 1992 年，其前身为成立于 1980 年的南部非洲发展协调会议；(4)中非国家经济共同体，成立于 1983 年；(5)阿拉伯马格里布联盟，成立于 1989 年；(6)东非共同体，成立于 1999 年；(7)政府间发展组织，成立于 1996 年，其前身为成立于 1986 年的政府间抗旱与发展组织，当时权限仅包括处理抗旱与荒漠化问题；(8)萨赫勒–撒哈拉国家共同体，成立于 1999 年。

条第1款规定,“本法的规定应优先于并取代《建立非洲经济共同体条约》中任何不一致或相反的规定”,[320]所以《阿布贾条约》仍然有效。然而,非洲经济共同体的许多职能都已被非盟接管。例如,《非盟组织法》第3条第1款规定,“(统筹和协调)现有和未来的区域经济共同体之间的政策,以逐步实现联盟的各项目标”,[321]这是该法的目标之一。一些最初由《阿布贾条约》创设的机构如今已根据《非盟组织法》进行了重组,包括泛非议会、泛非法院、经济与社会理事会、专门技术委员会、非洲货币联盟以及团结、发展与补偿基金。因此,尽管《阿布贾条约》在法律上依然存续,其职能实际上已交由非盟及其机构履行。[322]

正如本书第一章所提到的,非盟的原则与目标体现了《非洲统一组织宪章》原则与目标的根本转变,这不仅表现在推动非洲经济政治一体化方面,同时也涉及对非洲大陆上和平与安全、法治、善治、人权和民主的促进。《非洲统一组织宪章》的重点是非殖民化和维护国家主权,而《非盟组织法》则优先强调非盟应代表非洲大陆人民采取集体行动,以确保对人权和民主原则的尊重。它同时还规定应促进社会正义和性别平等,尊重神圣不可侵犯的生命权,并谴责和反对违反宪法的政权更迭。因此,《非盟组织法》体现了重燃民众对非洲大陆统一与团结渴望的一种尝试。此外,非盟也反映了早期泛非主义者对机构一体化的设想。用阿基克韦的话说,其所必需的机构、机

---

[320] Constitutive Act of the AU, Art. 33.

[321] Ibid., Art. 3, para. 1.

[322] Ibid., Arts. 5, 17-19.

制与架构组成了"一个非洲的利维坦或一种非洲协作机制"。[323]

的确,非盟拥有阿基克韦在1961年发表的极具先见之明的演讲中所描述的所有机构,包括泛非议会、泛非法院、非洲经济共同体、和平与安全理事会、非洲人权法院以及非洲预备部队。[324] 此外,它还能够作为大陆、区域和地方治理改革进程的中心发挥作用,体现了对民主、善治、公众政治参与和法治的重视。当然,这在很大程度上取决于这一新大陆框架的可操作性。倘若《非盟组织法》的所有创新性原则都能得到贯彻,在促进人类安全、人权和善治以及打击有罪不罚现象和不民主政权更迭的斗争方面,非盟将发现自己走在全球最前列。事实上,这些原则如今已被所有非洲国家所接受,这是非洲人民的重大胜利,也是非洲大陆上的独裁者、军阀、反民主势力和侵犯人权者的重大挫败。

与实现泛非运动的非洲融合主义理念具有同等重要意义的是非盟各机构与机制的有效行动,包括和平与安全理事会、非洲人民和民族权法院及非洲预备部队等。这些机构的行动会决定在不久的将来,非洲大陆将在何种程度上实现和平、稳定、安全和发展。正如阿基克韦所言:

对于这一机制,我想不到一个明确的称呼,所以还是倾向于叫它"非洲协作"。随着它的建立,捍卫非洲统一、保障构成这一机制的各国公民基本权利就变得十分必要……不仅如

[323] Azikiwe, op. cit., p. 13.
[324] Ibid.

此,协作机制的每一个成员国都必须严格采取各种方法和手段,提高居民的生活水平,使联盟体现出它的价值。在从事这一工作的时候,他们必须认识到,数个世纪以来饱受摧残的非洲大陆也可以树立一个榜样,向外界展示非洲人民的尊严是如何恢复的。[325]

第二节　消除内部冲突的祸患

人权保护和人类安全遭受持续肆虐非洲各国的内部冲突的威胁,并不是非洲统一组织的优先议题。人权保护和人类安全这两大重要的价值即便在今天也远未实现,皆因内部冲突的祸患阴魂不散,许多非洲国家的国内机构也在冲突中普遍崩溃。不过,与非洲统一组织不同,非盟似乎已在追求这些目标的道路上取得了显著的进步,而前者及其宪章自诞生之日起,就从未能突破自身在规范与制度层面的局限性。

当非洲统一组织于1963年成立之时,《非洲统一组织宪章》第19条("调停、调解和仲裁委员会")即规定:

> 成员国承诺通过和平手段解决他们之间的所有争端,并为此决定设立一个调停、调解和仲裁委员会,该委员会的组成和履职条件应由国家元首和政府首脑大会通过的一项单独的议定书确定。该议定书应被视为本宪章不可分割的一部分。[326]

---

〔325〕 Azikiwe, op. cit. , p. 13.

〔326〕 OAU Charter, Art. 19.

《关于调停、调解和仲裁的议定书》于 1964 年 7 月 21 日在埃及开罗通过。[327] 鉴于《非盟组织法》中并没有相对应的条款,《非洲统一组织宪章》的这一重要规定证明,当时非洲国家的主要关切在于防止和解决国际冲突而非国内冲突。然而,由于该委员会从未涉足过任何争端的解决,其常设办公室很快被非洲统一组织废弃,之后该委员会也因为制度性的形同虚设而彻底寿终正寝。正如蒂乌尔(Tiewul)所指出的,"通过观察常设办公室的历史,它的废弃或许并未造成什么重大损失",[328] 就连后来该委员会的整体消失也是如此。

40 年后,《非盟组织法》与《关于建立非洲联盟和平与安全理事会的议定书》(以下简称《和平与安全议定书》)显然主要侧重于国内冲突问题。这一转变是对持续困扰非洲国家的内战及政府机构崩溃问题的直接回应。1993 年在埃及开罗通过的一份宣言(以下称《开罗宣言》)中,非洲统一组织建立了一套冲突预防、管理和解决机制。[329] 由于人们普遍怀疑外界介入一国内部冲突会损害国家主权,该机制要求非洲统一组织在采取与成员国内部冲突有关的行动之前必须得到当事国的同意。

《开罗宣言》对国内冲突和国际冲突均有提及。[330] 宣言第

---

[327] See T. Elias, "The Commission of Mediation, Conciliation and Arbitration of the Organization of African Unity", *British Year Book of International Law* 40 (1964), p. 336. See International Legal Materials 3 (1964), pp. 1116 et seq.

[328] S. Tiewul, "Relations between the United Nations Organization and the Organization of African Unity", *Harvard International Law Journal* 16 (1975), p. 278.

[329] See OAU Doc. AHG/DECL. 3 (XXIX), 1993.

[330] 关于这个问题的详细分析参见 S. B. O. Gutto, "The New Mechanism of the Organization of African Unity for Conflict Prevention, Management and Resolution, and the Controversial Concept of Humanitarian Intervention in International Law", *The South African Law Journal* 113, 1996, pp. 314-324。

9 节指出：

> 在造成非洲大陆目前社会经济问题的各个因素中，没有哪一个因素的严重性能与正在各国国内或各国之间肆虐的冲突相提并论。这些冲突带来了死亡和苦难，导致了仇恨及民族和家庭的分裂。冲突迫使千百万人成为颠沛流离的难民和无家可归者，剥夺了他们的生计、尊严和希望。冲突吞噬了稀缺的资源，削弱了我们各国解决人民众多迫切需求的能力。[331]

宣言还确认，建立冲突预防机制的动机在于需要给非洲大陆的冲突处理程序带来新的机制性活力，从而间接承认了《调停、调解和仲裁议定书》所建立程序的失败，这一程序从未得到充分的实施或利用。《开罗宣言》所创机制的一大主要特点，或许也是其主要的弱点在于，它建立在《非洲统一组织宪章》原则与目标的基础之上且明确受其指导，从而严格限制了非洲统一组织介入成员国内部事务的能力。这些原则和目标在宣言第 14 节中得到了重申，其中包括不干涉他国内政、尊重成员国的主权和领土完整以及不侵犯继承自殖民统治的边界。第 14 节规定，该机制将“在获得冲突各方同意与合作的基础上运作”。[332] 需征得冲突方同意的要求大大削弱了这一机制的有效性，破坏了它的实用性，尤其是对于发生争斗的军阀都不

[331] Cairo Declaration, para. 9.
[332] Ibid., para. 14.

愿给予同意的内部冲突来说。[333]

该机制的主要目标是预测和预防冲突的发生。事实上,这一机制的设计是基于以下假设:

> 重点采取预测性及预防性措施,协调一致实施缔造、建设和平的行动,那么便没有必要采取复杂而耗费资源的维和行动,这种维和行动将是(非洲)国家财政难以负担的。[334]

尽管理论上这种做法对一个资源有限的组织来说可能既合理又合逻辑,但在实践中却遭遇了失败,因为被指定为该机制"执行部门"的非洲统一组织秘书处并不具备执行能力。因此,该机制未能对 20 世纪 90 年代困扰非洲大陆的那些最残酷、最具破坏性的战乱产生任何影响,包括发生在卢旺达、索马里、塞拉利昂、利比里亚和刚果民主共和国境内的武装冲突。不过非洲统一组织还是在布隆迪、中非共和国和科特迪瓦部署了一些观察员特派团。[335] 面对该机制缺乏效力的问题,在 20 世纪 90 年代的大部分非洲大陆冲突案例中,非洲统一组织不

---

[333] 例如,根据基奥科(B. Kioko)的报告,非洲统一组织曾被迫召回了一支派往索马里与当地军阀进行会谈的代表团,因为该代表团中有一位特定的索马里官员,其中一个军阀对此表示抗拒。参见"The Right of Intervention under the African Union's Constitutive Act: From Non-Interference to Non-Intervention", *International Review of the Red Cross* 85, December 2003, 852, pp. 807-825。

[334] Cairo Declaration, para. 15.

[335] 关于布隆迪的情况参见 E. Berman and K. Sams, Peace-keeping in Africa: Capabilities and Culpabilities, 2000, pp. 68-70; Communique of the Ninety First Ordinary Session of the Central Organ of the Mechanism for Conflict Prevention, Management and Resolution at Ambassadorial Level, 2 April 2003, AU Doc. Central Organ/MEC/AMB/Comm. (XCI), and "Security Brief", *African Security Review* 12(4), 2003, p. 38。关于中非共和国的情况参见 UN doc. S/1997/56 1 and UN doc. S/2002/1113。关于科特迪瓦的情况参见 Report of the Interim Chairperson on Conflict Situations in Africa, 8 July 2003, AU Doc. EX/CL/42(Ⅲ)。

得不在《开罗宣言》业已确定的立场上寻求退路,即依据《联合国宪章》的一般性条款寻求联合国的帮助,或在恰当的时候请求联合国派遣维和部队,特别是在此类冲突需要国际社会集体干预或维持秩序的时候。[336]

正是在《非洲统一组织宪章》为非洲大陆旷日持久的冲突谋求适当解决机制的尝试屡屡失败的背景下,非洲各国领导人决定为非盟配备必要的规范与机构机制,以防止内部冲突。《非盟组织法》阐述了一系列原则,如非盟有权在成员国内部发生危害人类罪、战争罪或灭绝种族罪的情况下介入该国冲突,尊重人的生命神圣不可侵犯,以及善治、法治和尊重人权等。除了这些原则之外,2002 年,非盟成员国还通过了一项议定书,成立了和平与安全理事会(PSC),作为联盟的一大常设机构。[337] 该议定书将理事会描述为"一个集体安全和预警机制,以对非洲的冲突与危急情况作出及时有效的反应"。[338] 此外,议定书还为理事会建立了四种辅助机制:智囊小组、大陆冲突预警系统、非洲预备部队和特别基金。[339] 其中,非洲预备部队和大陆冲突预警系统明显增强了非盟维和与安全机构的作用和权力。联盟的其他机构,如国家元首和政府首脑大会、执行理事会和委员会主席,也被赋予了预防大陆冲突、维持和建设大陆和平的权力。

然而,作为处理非洲大陆维和与安全事务的专门机构,和

---

[336] Cairo Declaration, para. 16.

[337] Protocol Relating to the Establishment of the Peace and Security Council of the African Union, 9 July 2002.

[338] Ibid., Art. 2, para. 1.

[339] Ibid., Arts. 11-13, 21; see also R. Adjovi, "The Peace and Security Council", in Yusuf and Ouguergouz, op. cit., pp. 143-158.

平与安全理事会的职能早已从冲突预防和管控延伸到了建设和平行动与冲突后重建工作的促进和执行。[340] 理事会还获得了更广泛的冲突预防事务授权,因为议定书第3条第6款要求其"将促进和鼓励民主实践、善治和法治,保护人权和基本自由,以及尊重神圣不可侵犯的生命和国际人道法作为其防止冲突努力的一部分。"[341]

这是该议定书最具创新性的方面。通过对善治、法治和尊重基本人权的重点强调,非盟似乎已认识到,促进这些价值观念的传播对于在非洲各国国内预防冲突、创造和平与安全的氛围至关重要。类似的承诺在"非洲发展新伙伴计划"(以下简称"新伙伴计划"——译者注)中也得到了表达。这项计划在2002年得到了非盟的背书,将为整个非洲大陆的可持续发展创造条件放在优先位置,保障非盟成员国的和平与安全、民主、善治以及国家能力建设。通过新伙伴计划,非洲各国领导人重申他们支持以下主张:和平、安全、民主、善治、人权和健全的经济管理是相互关联的发展条件。他们还承诺"单独行动与联合行动并举,在各国、各区域和整个大陆促进这些原则的落实"。[342]

在努力发展既有的实证公法规则和机构机制、解决非洲内部冲突的灾祸方面,非盟所采取的手段和非洲统一组织大为不同。这个新的泛非组织不像其前身那样将自己束缚在不干涉成员国内政的教条中,因此能够直接处理内部冲突,采取的措

[340] See Protocol Relating to the Establishment of the Peace and Security Council of the African Union, Arts. 3, 6.

[341] Ibid., Art. 3 (f).

[342] New Partnership for Africa's Development, 23 October 2001, para. 71.

施包括禁止违宪的政权更迭,促进民主实践和民众政治参与,保护人权,对种族灭绝罪、危害人类罪和战争罪进行强制干预,并在索马里、刚果民主共和国、苏丹和最近的南苏丹等冲突不断的国家开展维和行动。

然而,上述许多措施至今仍停留在纸面上。到目前为止,尽管某些案例显示出实质性进展,但非盟在消除非洲大陆内部冲突方面难言成功。每年仍有成千上万的非洲人在此类冲突中丧生。尽管如此,倘若能够得到恰当的执行和落实,新泛非组织拥有的法律和制度工具最终仍可能使非洲国家有能力扫除内部冲突的祸患。然而,这取决于非盟原则和规则能在多大程度上被纳入成员国国内的法律与政策,或能在多大尺度上得到成员国有效的执行。当下的主要挑战仍旧体现在大多数非洲国家机构的脆弱性,以及非洲各国元首对(同泛非机构干预措施格格不入的)绝对国家主权理念的支持。对非洲国家机构的改革,还需要得到整个非洲大陆范围内相应的宪政改革的配合,特别是在权力下放方面。倘若没有这样的变革,困扰非洲国家地位的危机必将继续存在下去。鉴于非盟最终承诺保护人权和民族权并付诸实践,该组织或许能探索和甄别出一类效果最佳的国家人权实现机制,并就此遏制非洲大陆上不断发生的内部冲突。

第三节　保护人权和民族权以及促进善治和法治

如前文所述,非洲国家的独立像泛非主义者所倡导的那样,在整个非洲大陆范围内实现基本自由和尊重人权。在许多非洲国家,巩固国家地位、努力团结因新国家继承殖民地边界而汇聚的不同民族成为优先于人权和民族权的议题。这些关切占据了主导地位，以至于当32个新独立的非洲国家于1963年5月在埃塞俄比亚首都亚的斯亚贝巴开会通过《非洲统一组织宪章》之时，他们并没有对1961年1月汇集在尼日利亚拉各斯的一批非洲法学家发出的呼吁给予太多的关注：

> 研究通过一项非洲人权公约的可能性，通过这种方式建立一个拥有适当管辖权的法院以保障本会议的成果，并使属于公约签字国管辖的所有人皆能受益于这一渠道。[343]

这些国家领导人也没有对阿基克韦的著名演讲《泛非主义的未来》中的警句加以理会：

> “非洲协作”应颁布《非洲人权公约》，以示这些国家笃信法治、将民主作为一种生活方式、尊重个人自由和人格尊严。这项人权公约应当明确宣告“非洲协作”成员国对法定自由的信仰；应当旗帜鲜明地宣示非洲人在生命、自由和追求幸福生活方面的权利；应当对非洲公民所有不可限制或否定的基本自由作详细的定义，这种限制或否定只能经由正当的法律程序；它还应当清楚地表明，非洲人民拥有不可剥夺的言论自由、新闻自由、集会自由、结社自由、迁徙自由、不受歧视的自由、免于匮乏的自由、免于非人道待遇的自由、不受奴役或强制劳动的自由，以及良心和宗教自由。[344]

---

[343] African Conference on the Rule of Law, “The Law of Lagos”, January 1961, para. 4.

[344] Azikiwe, op. cit. , p. 13.

《非洲统一组织宪章》对人权的主要关注点更多地被限定在仍处于殖民主义和种族主义少数派统治之下的非洲人民的人权与人格尊严方面。尽管宪章宣布从非洲清除一切形式的殖民主义是其宗旨之一,它对《世界人权宣言》却仅仅一笔带过,且并未承认该文件应在新独立的非洲国家内部得到适用和遵守。此外,宪章对是否将促进人权保护事业作为该组织的目标也表示了沉默。它或许天真地认为,非洲人民的人权将随着他们新国家的独立而自动得到保证和适当的保护。不幸的是,在许多情况下,紧随国家独立而来的是专制或军事独裁政权的上台,人民对自由和人权的渴望被无情地撕碎。在其他案例中,曾遭到殖民势力迫害、监禁和酷刑折磨的自由斗士,在国家独立之后却又对自己的人民加以迫害和监禁。虽然在政治上获得了独立,新独立非洲国家的人民却继续与自由咫尺天涯,内部自决权也仍然未能落实。

直到 1981 年,大多数非洲国家都已独立 20 余年,非洲统一组织终于通过了《非洲人权和民族权宪章》(以下简称《班珠尔宪章》——译者注)。[345]《班珠尔宪章》的通过和生效,成为即将到来的为非洲国家地位正名的时代的里程碑,它表明非洲国家已强大到能够通过一项公约增进和保护自己公民的权利,这项公约构成了非洲公法的一部分。根据《班珠尔宪章》,非洲人权和民族权委员会成立,[346]随后过了几年,非洲人

[345] African Charter on Human and Peoples' Rights (hereinafter Banjul Charter), 27 June 1981, OAU Doc. CAB/LEG/67/3 rev. 5.

[346] Ibid., Art. 30.

权和民族权法院也得以设立。[347] 这些机构的建立体现了非洲国家为恢复泛非主义理念中的自由与人权保护要素而付出的真诚努力。虽然这项工程尚未完结，非洲国家毕竟已经迈出了第一步，非洲人权和民族权委员会及法院将为这个目标的实现作出更大的贡献。

在支持非洲人民的权利方面，这些机构获得的助力来自《班珠尔宪章》的结构与内容，后者除了一般国际人权法之外，还包括特定的民族权保护规则。这种对民族权的强调，是一种新颖的人权文书拟订方法。它也标志着人权理论的一种范式转变，即将集体权利与个人权利放在平等的位置上，并因此认识到非洲大陆的特殊文化情境。

与民族权相关的规定出现在《班珠尔宪章》第 19—24 条中。第 19 条规定，所有人民享有平等的权利。人民权利平等的概念在《联合国宪章》中就有申明，是"人民平等权利及自决"原则的一部分。同时，这一概念在《班珠尔宪章》中得到了最明确的阐述，它规定："一切民族均属平等，他们理应受到同样的尊敬，拥有同样的权利。一个民族受另一个民族统治是毫无法律根据的。"[348] 第 20 条以类似的方式对自决权相关的规定作了编纂，但它对两种权利作了区分：一是殖民地人民的自决权，二是"一切民族"均拥有的"生存权"及"无可非议和不可剥夺的自决权"。对后者而言，拥有自决权意味着他们"应自由地决定其政治地位，并按照他们自由选择的政策谋求其经济

---

[347] Protocol to the African Charter on Human and Peoples' Rights on the Establishment of an African Court on Human and Peoples' Rights, 9 June 1998, OAU Doc. OAU/LEG/EXP/AFCHPR/PROT (Ⅲ), Art. 1.

[348] Banjul Charter, Art. 19.

和社会的发展”。[349] 根据非洲人权和民族权委员会的判例,《班珠尔宪章》所规定的外部自决权尽管理论上普遍适用于所有人民,但倘若构成主权国家居民的某些人民能够不受歧视地享受到与该国其他人民相同的待遇,并且无论其在民族或种族方面如何与众不同,他们都被允许参与选择一个具有代表性的政府,那么他们就不能提出自决的诉求。[350] 不过,该委员会也在多个场合强调,人民在其本国境内享有内部自决权。

第 21 条也涉及民族权,但其阐述的是范围更加具体的人民的经济自决权。它赋予人民对自然资源的永久主权,首先需要国家及其公民之间在管理和利用自然资源方面建立一种信托关系。这种信托关系意味着自然资源的永久主权与自由处置这些资源的权利属于人民,而不是国家或政府主管部门。政府机构代行这些权利的目的是保障人民的专属权益。此外,第 21 条还规定:“一旦遭遇掠夺,被掠夺之民族不但有权要求得到足够的补偿,而且有权合法地收回其财产。”[351]

《班珠尔宪章》的其他条款规定了人民的其他一些权利。第 22 条确认了人民的经济、社会和文化发展权利,以及宪章缔约国相应的义务,即“单独或集体保证发展权利的行使”。[352] 这也是该义务首次出现在一项具有拘束力的国际文件当中。第 23 条规定人民有权享受国内和国际的和平与安全,而第 24 条也规定,“一切民族均有权享有一个有利于其发展的普遍良

---

[349] Banjul Charter, Art. 20.

[350] Communication 266/03 Kevin Mgwanga Gunme *et al.* v. Cameroon, African Commission on Human and Peoples' Rights, 27 May 2009, available at http://caselaw.ihrda.org/doc/266.03/.

[351] Banjul Charter, Art. 21.

[352] Ibid., Art. 22.

好的环境”。[353] 正如非洲人权和民族权委员会在“印多若斯(Endorois)案”[354]中指出的，“和其他区域性人权文件相比，《非洲人权和民族权宪章》的创新与独特之处在于其对民族权的特别强调”。[355] 事实上，其他任何国际文件都没有规定和保护民族权的内容，而该内容却广泛分布在《班珠尔宪章》的措辞中。由此可见，对民族权的规定是《班珠尔宪章》与其他人权文件的根本区别所在。通过这一系列独特而宽泛的规定，《班珠尔宪章》无疑有助于民族权在国际上的正名和逐步发展。

或许直到最近，人们对《班珠尔宪章》中民族权条款的实际效力都存在某种程度的怀疑。这是可以理解的，因为宪章必须经由非洲各国的国内法律程序或者非盟机构的司法或准司法判例，方可得到解释或适用。此外，正如非洲人权和民族权委员会自己承认的那样，20 多年来，委员会对如何解释宪章中的“民族”(和前文所述人民自决权中的“人民”一样均为英文 people 的一种译法，故人民自决权也可称为“民族自决权”——译者注)概念一直持回避态度，盖因“对发展中的权利无法简单界定，因为几乎不存在具体的国际判例”。[356]

但是，通过其最近的判例，特别是“南喀麦隆案”、“达尔富尔案”和“印多若斯案”，该委员会已经改变了其最初在这一问题上的沉默态度，对“民族”的含义及宪章中有关民族权的规

---

〔353〕 Ibid. , Arts. 23-24.

〔354〕 Communication 276/03, *Centre for Minority Rights Development* (*Kenya*) *and Minority Rights Group* (*on behalf of Endorois Welfare Council*) v. *Kenya*, 29 November 2009, African Commission on Human and Peoples' Rights.

〔355〕 Ibid. , para. 149.

〔356〕 Report of the African Commission's Working Group of Experts on Indigenous Populations/Communities, Twenty-Eighth Session, 2003.

范性内容都作了必要的澄清和解释。人们可能并不同意该委员会在上述案件中对“民族”的定义,抑或该委员会基于此定义所界定的部分社群中适格“民族”的特质。但不可否认的是,非洲人权和民族权委员会已通过其判例成功地将编纂在《班珠尔宪章》中的民族权应用到了具体案件的处理当中。该委员会对民族权的判例解释,可能使这些权利更容易得到国际层面的保护与认可,从而为民族权在国际法与非洲公法体系中觅得稳定的一席之地。

除了《班珠尔宪章》对民族权的承认之外,我们还能发掘出非洲公法的一大重要发展,那就是《非盟组织法》承认非盟有权基于条约对成员国进行干预,以保护该国人民免受严重违反人权和人道法行为的涂炭,包括战争罪、灭绝种族罪和危害人类罪。[357] 此外应当指出的是,为贯彻人民的意志并经被统治者同意,非盟宣布取缔非洲大陆上发生的一切违反宪法的政权更迭,[358] 并冻结任何经由政变上台的政府参与该组织工作的权利。这样,虽然军人政府或其扶植的文职政府或许能有效控制该国的领土,其也无法得到非盟的承认,更不被允许行使成员国的权利,直到其(通常在非盟的帮助下)重新建立起一个民主选举的代议制政府,这样的政府应获得该国人民的同意、通过自由公平的竞选产生。

2007 年通过的《非洲民主、选举和治理宪章》(以下简称《非洲民主宪章》——译者注)是旨在促进非洲大陆民主实践和善治的另一重要文件。《非洲民主宪章》特别规定,“缔约国应承

---

〔357〕 Constitutive Act of the AU, Art. 49 (h); see also A. Yusuf, “The Right of the AU to Intervene in Member States”, in Yusuf and Ouguergouz, op. cit., pp. 335-353.

〔358〕 Constitutive Act of the AU, Arts. 4(p), 30.

诺促进民主、法治原则和人权”,[359]且“缔约国应承认民众通过普选参与政治是人民不可剥夺的权利”。[360] 它还明确规定,通过非民主手段获得权力不再只是一国的内部管辖事项,此类情势将促使非盟机构采取特定的制裁措施。根据宪章第24条:

当某缔约国出现可能影响其民主政制安排或合法行使权力行为的状况时,和平与安全理事会应根据《关于建立非洲联盟和平与安全理事会的议定书》的有关规定行使其职能,以维护宪法秩序。[361]

可能招致非盟制裁的情形规定在宪章第23条中,具体如下:

缔约国尤其同意,采用以下非法方式攫取权力的行径是违宪的政权更迭行为,并应受到联盟的适当制裁:

(一)任何反对民选政府的暴乱或政变。

(二)旨在取代民选政府的任何雇佣兵干涉行动。

(三)任何由武装异己分子或叛乱分子发动的取代民选政府的行动。

(四)任何现任政府拒绝向在自由、公平和定期选举中获胜的政党或候选人移交权力的行为。

(五)任何侵犯民主政权更迭原则而修订、修改宪法或法

---

[359] African Charter on Democracy, Art. 4(1).

[360] Ibid., Art. 4(2).

[361] Ibid., Art. 24.

律文件的行为。[362]

所有这些情形都构成了对人民自由决定其政治地位及选择最适合管理其事务的政府形式的权利的侵犯。随着《非洲民主宪章》的生效，这种侵犯不仅被视为非法，更将招致非盟的制裁，当事国也将被冻结成员国资格。这种制裁已根据《非盟组织法》的规定被应用到实践当中。马达加斯加、[363]几内亚[364]和尼日尔[365]通过政变上台的政府都在政变过后接受了非盟的制裁。科特迪瓦也曾因时任总统拒绝向赢得选举的候选人移交权力而受到了同样的制裁，该国选举的结果是联合国特别代表根据安理会决议确认的。[366]

非盟另一个值得注意的发展，是其最近试图将缺乏代表性的专制政府对自己人民使用武力的行为非法化，并申明成员国有义务尊重人民自由和平表达愿望的权利，且其他国家也有权利对这些人民采取保护措施，以保障其不可剥夺的自决权。2011年3月25日，非洲人民和民族权法院在"非洲人权委员会诉大阿拉伯利比亚人民社会主义民众国"一案中向卡扎非当局签发了一份临时措施令，要求利比亚政府"立即停止任何可能造成人们丧生或人身受到侵犯的行动，此类行动可能违反

---

〔362〕 Ibid. , Art. 23.

〔363〕 Communique of the African Union Peace and Security Council, 17 March 2010, AU Doc. PSC/PR/COMM. (CCXXI).

〔364〕 Communique of the African Union Peace and Security Council, 29 October 2009, AU Doc. PSC/AHG/COMM. 2 (CCVII).

〔365〕 Communique of the African Union Peace and Security Council, 19 February 2010, AU Doc. PSC/PR/Comm. 2 (CCXVI).

〔366〕 Communique of the African Union Peace and Security Council, 9 December 2010, AU Doc. PSC/PR/Comm. 1 (CCLII).

《班珠尔宪章》或利比亚参加的其他国际人权文件的规定”。[367]

同样地,越来越多的非洲国家将压迫本国人民的政治领导人移送国际刑事司法机构受审,尤其是其涉嫌大规模侵犯人权、违反人道法或犯危害人类罪时。迄今为止,非洲国家已经将一大批案件提交给国际刑事法院。此外,受害民众代表与为此类民众作代理的非政府组织也逐渐倾向于在人权法院(如非洲人权和民族权法院)寻求救济。

这些事态发展表明,由20世纪60年代相继独立的非洲国家建立的泛非组织及其后继者正逐步重拾泛非运动关于人权和民族权保护的理念。虽然起初非洲统一组织忽视了新独立非洲国家人权和民族权的实施,但非盟已开始展现出明确的责任意识,承诺在非洲大陆保护这些权利,促进其发展,并推动善治和民主。非盟还落实了必要的法律和机构机制,以确保该组织成员国在其国内法和政策中遵守和尊重这些权利。然而,这并非意味着已经赢得了这场追求至高无上人权和法治的斗争,现实远非如此。早期泛非主义者提出的理念仍在,但其尚未获得蓬勃发展,尚未被非盟成员国普遍接受和贯彻。尽管如此,这些在过去仅仅由个人、团体或少数因坚守早期泛非主义理念而闻名的大众领袖发动的权利斗争,如今第一次出现了由非盟各成员国集体推动的迹象,并对联盟倡导的诸多法律原则和规则表示支持。鉴于这一进展,非盟的成败将决定非洲大陆和平与发展的前景,以及泛非运动理念的生命力。

---

[367] Application No. 004/2011, *African Commission on Human and Peoples' Rights* v. *Great Socialist People's Libyan Arab Jamahiriya*, Order for Provisional Measures, 25 March 2011, para. 84.

第四节　构建政府与公民社会的伙伴关系

在《非盟组织法》的序言部分，非盟成员国申明，随着新泛非组织的建立，他们将：

> 遵循我们的共同愿景，即打造一个团结而强大的非洲，并需要在各国政府和公民社会各行业（尤其是主管妇女、青年行业和私营行业）间建立伙伴关系，以加强人民的团结和凝聚力。[368]

这种对建立公共行业和私营行业间伙伴关系与机制的强调，是非洲统一组织时期未曾存在过的创新性目标。

更重要的是，非盟的一大基本原则就是支持“非洲人民参与联盟的活动”。[369] 根据这一目标，《非盟组织法》规定，设立泛非议会与经济、社会和文化理事会作为联盟机构。2002 年召开的非盟首脑会议第一次例会决定：

> 为确保我们的人民及公民社会组织能够参与联盟的活动，我们再次承诺将早日建立由我们联盟的《非盟组织法》所构想的泛非议会及经济、社会和文化理事会。[370]

---

[368] Constitutive Act of AU, Preamble.

[369] Constitutive Act of the AU, Art. 4.

[370] See Decisions and Declarations of the Assembly of the African Union, First Ordinary Session, 9-10 July 2002, AU Doc. ASS/AU/Dec. 1-8 (I).

泛非议会于2004年3月举行了首次会议,它的建立是“为了确保非洲人民充分参与非洲大陆的经济一体化发展”。[371] 最初,根据《阿布贾条约》泛非议会作为非洲经济共同体的组成部分设立,[372]但规定该机构的组成、职能、权力和组织的并非《阿布贾条约》而是嗣后颁布的议定书。与此同时,1999年9月通过的《苏尔特宣言》呼吁成立非洲联盟,并迅速建立《阿布贾条约》所规定的全部机构,包括泛非议会。[373] 因此,当议定书对泛非议会权力、组成、职能和组织形式的确定工作于2001年3月完成之时,该文件最终是作为《非洲经济共同体条约》而非《非盟组织法》的议定书获得通过。[374]

目前泛非议会的职能是一个顾问和咨商机构,负责就任何与非盟及其机构、区域经济共同体及其相关机构以及非盟成员国及其国内机构有关的事项提供建议和决议。其重要职责还有“令非洲人民熟悉旨在使非洲大陆在非洲联盟框架下实现一体化的各项目标和政策”,以及“促进非盟或非洲经济共同体以及最终建立非洲联盟的各项政策与目标的有效实施”。[375]

然而,我们很难看出泛非议会如何能够在有限的顾问角色中履行好其他重要职责。虽然议定书第2条第3款规定,泛非议会的最终目标是要发展成一个具有充分立法权力的机构,但

---

[371] Constitutive Act of the AU, Art. 17.

[372] Abuja Treaty, Arts. 7, 14.

[373] See Sirte Declaration.

[374] See Protocol to the Treaty Establishing the African Economic Community Relating to the Pan-African Parliament done at Sirte (Libya), 2 March 2001 and the Status List of Protocol to the Treaty Establishing the African Economic Community Relating to the Pan-African Parliament.

[375] Protocol to the Treaty Establishing the African Economic Community Relating to the Pan-African Parliament done at Sirte (Libya), 2 March 2001, Art. 3, paras. 1, 4.

它只能通过对议定书进行修正方能获得立法权限。[376] 直到修正案制定之前,泛非议会的影响力都会受到极大的限制。[377] 不过,它可能会继续帮助各国政府与公民社会建立伙伴关系,以促进非洲大陆人民的统一与团结。这种努力至关重要,因为尽管泛非议会不是直接选举产生的议会,但被提名为该机构成员的都是各成员国议会的议员,所以它仍然能够代表非洲大陆人民,即使在有限的咨商和顾问角色范围内也能表达民众的意愿。《非盟组织法》建立的第二个旨在保障非洲人民及公民社会参与活动的机构是经济、社会和文化理事会(以下简称"经社文理事会"——译者注)。2002年,非洲安全、稳定、发展与合作会议拟订和提交了经社文理事会规约的第一份草案。[378] 该草案于2004年7月在埃塞俄比亚的亚的斯亚贝巴举行的第三次非盟峰会上获得通过,临时性的经社文理事会也于2005年启动。经社文理事会的法律基础为《非盟组织法》的第5条和第22条。[379] 第22条规定,"经济、社会和文化理事会作为一个咨询机构,应由非盟各成员国的不同社会和专业团体组成",而且"经济、社会和文化理事会的职能、权力、组成与组织架构应由非盟首脑会议决定"。[380]

经社文理事会作为一个咨询机构,由非盟各成员国内不同的社会团体和专业民间团体组成,尤其是青年和妇女组织。根

[376] Ibid., Art. 2, para. 3.

[377] S. Mohamed, "The Pan-African Parliament", in Yusuf and Ouguergouz, op. cit., pp. 95-117.

[378] Statutes of the Economic, Social and Cultural Council of the African Union, June 2004, AU Doc. Experts/PRC/ECOSOCC/Statutes/Rev. 5.

[379] Constitutive Act of the AU, Arts. 5, 22.

[380] Ibid., Art. 22.

据理事会规约第 4 条的规定,理事会由代表各类社会团体的 150 个公民社会组织组成,并为非洲公民社会影响非盟决策、评估非盟项目实施提供了一个平台。[381] 然而现实中依旧存在不确定因素,涉及理事会的地位、权力、职能及其在非盟决策过程中扮演的顾问角色。理事会与非盟其他机构之间的关系尚未明确,这阻碍了公民社会组织在新的程序机制与机构活动中扩大其话语权的能力。尽管如此,经社文理事会毕竟代表了非盟在促进非洲大陆发展、践行泛非主义一体化理念过程中融入非洲公民社会(包括代表非裔侨民的组织)活动的真诚努力。通过将经社文理事会作为公民社会的官方平台,非盟已经在决策过程合理化和泛非机构整体民主化方面迈出了重要的一步。当然,该理事会能否在非盟整体机构框架赋予它的空间内有效运作并确保非洲大陆人民参与非盟活动,仍有待观察。无论如何,未来它在非盟内的咨询与代表作用的演进,值得外界审慎地观察和监督。

---

〔381〕 Statutes of the Economic, Social and Cultural Council of the African Union, June 2004, AU Doc. Experts/PRC/ECOSOCC/Statutes/Rev. 5, Art. 4.

第五章　泛非主义与非洲公法：促进规则与原则的创新

第一批非洲国家于 20 世纪 50—60 年代独立后，决心在国际论坛上，特别是在联合国及其专门机构中协作，以使泛非运动的理念和愿景能影响国际关系和国际法的演变。例如，1958 年 4 月在加纳阿克拉举行的第一次非洲独立国家会议决定，联合国八个独立的非洲成员国的代表应组成一个集团，以确保独特的“非洲个性”对国际关系施加影响。随着 1963 年非洲统一组织的成立，非洲集团在联合国和其他国际平台上正式成为一个区域性集团，并在非洲大陆的非殖民化和消除种族隔离的进程中发挥着非常重要的作用。

如第三章所述，这些是非洲国家作为国际法主体为影响国际法的编纂和发展以及创设新的国际法规范所作的第一次努力。除了与前殖民地国家合作改革国际法规则之外，新独立的非洲国家还组成了自己的泛非政府间组织，并在这些组织内开始制定适用于非洲内部关系，由规则、原则和惯例组成的非洲公法。这部非洲公法为泛非主义政治、社会和经济目标的实现提供了规范性框架。它同样符合非洲大陆人民当前的需要和愿望。这一公法的某些方面具有某种普遍性，在某种意义上或许最终国际社会会受其影响采纳类似规则。

此框架内的规范可分为两类。首先，与普遍国际法规范相比，第一类规范极具新颖性和独创性，因为它们作为具有约束力的规则或原则，仅存在于非洲公法中。第二类规范则是对现有国际法规则和原则（特别是某些国际公约所载的规则和原则）的补充，并通过扩大此类规范的适用范围，或制定特定的非洲公约，增设仅适用于非洲内部关系的规则和原则，对国际法规范加以丰富。

第一类规范包括《非盟组织法》的某些原则。例如，联盟有权在出现战争罪、种族灭绝罪和危害人类罪等严重情形的时候对成员国进行干涉，禁止非洲大陆发生违宪的政权更迭，以及进一步促进民主实践和良好治理。它还包括非洲国家之间就尚未在全球具有约束力的法律事项缔结的公约（包括 2009 年《保护国内流离失所者坎帕拉公约》所讨论的国内流离失所者问题），以及在非洲内部关系的范畴内将国际法尚未承认的某些权利和义务纳入实体法的规范。

第二类规范将在第六章加以讨论。这类规范或是扩大了某些国际公约的适用范围，或是根据泛非组织专门为此通过的公约（包括《关于非洲难民问题特定方面的公约》和《非洲儿童权利和福利宪章》），进一步阐述了在全球范围内公认的某些权利和义务。这一类规范还包括《非洲人权和民族权宪章》关于确立个人和民族权利的规定。

第一节　《非盟组织法》的创新原则：一些例证

《非盟组织法》载有若干非洲公法规则，这些规则与普遍国际法规范相比具有创新性。例如，在第 4 条确立的 16 项基本原则中，有八项具有新颖且属于非洲内部关系所特有的内容。这些原则包括：禁止违宪的政权更迭；确保非洲人民参与本组织的活动；谴责和拒绝有罪不罚及政治暗杀；尊重民主原则和良好治理；联盟对一个成员国的严重情况（战争罪、种族灭绝罪和危害人类罪）进行干涉的权利；成员国要求联盟干涉以恢复和平与安全的权利；促进社会正义，以确保在联盟框架内实现均衡的经济发展和促进自力更生。[382]

其中的三项原则因其在非洲和国际范围内的独创性而特别引起国际法学界的极大关注，即非盟在某些严重情况下干涉成员国的权利、禁止违宪的政权更迭及尊重民主原则与善治。

一、联盟对成员国进行干涉的权利

非盟是目前唯一在战争罪、种族灭绝罪、危害人类罪等严重情形下有权依法对成员国进行干涉的多边政府间组织。然而直到最近，大多数国家，特别是第三世界国家对基于“人道主义理由”的军事干预持极端怀疑和忧虑的态度。人道主义干预被认为是强国以援助弱国或弱国人民为借口，以牺牲弱国

〔382〕 Constitutive Act of the AU, Art. 4.

为代价来维护其国家利益的一种手段。除非这种军事干预是由联合国自身在《联合国宪章》第 7 章规定的范围内行使，或经联合国授权，否则无论多么合理，它都将违反《联合国宪章》所规定的禁止使用武力或以武力相威胁原则及不干涉内政原则。[383] 英国政府在关于该问题的立场的文件中指出：

当代绝大多数法律意见都可归结为对存在人道主义干预这一权利的指责，主要原因有三：第一，《联合国宪章》和现代国际法似乎没有明确纳入该权利；第二，过去两个世纪，特别是自 1945 年以来的国家实践中，充其量只有少数几个真正的人道主义干预案例，而大多数案例都没有被认定为人道主义干预；第三，基于审慎的理由，因该权利的滥用而强烈反对其创设……因此，从本质上说，将人道主义干预作为不干涉原则例外的反对理由是，就对国际法的尊重而言，其代价将会大大超过其裨益，且有无裨益令人生疑。[384]

虽然今天已基本确定，联合国安全理事会有权授权进行人道主义干预，但这种授权是在嗣后的实践中发展而来的，并非出自《联合国宪章》中具体授权进行人道主义干预的原则。此外，尽管在 20 世纪 90 年代初联合国曾多次授权或进行基于人道主义的干预（如索马里、伊拉克、海地），[385] 但在确定这些国

---

[383] UN Charter, Arts. 2 (4), 5.

[384] UK Foreign Office Policy Document No. 148, reprinted in *British Year Book of International Law* 57, 1986, p. 614.

[385] See SC res. 661, UN doc. S/RES/661 (1990) for the Security Council's action on Iraq; SC res. 940, UN doc. S/RES/940 (1994) for the Security Council's action on Haiti; and SC res. 775, UN doc. S/RES/775 (1992) for the Security Council's action on Somalia.

家发生的严重侵犯人权的行为对国际和平与安全构成威胁之后，联合国安全理事会在其他许多场合却未能作出同样的决定，或在面临严重人权侵害时没有任何采取行动的意向（如卢旺达）。因此，甚至在联合国内部，对军事干预的规范性限制与采取行动反对大规模屠杀的需要之间的紧张关系也尚未得到充分解决。前联合国秘书长科菲·安南（Kofi Annan）在1999年向大会发表的一份声明中指出：

> 正如我们所认识到的，当发生严重的系统性侵犯人权行为时，世界不能袖手旁观，我们也了解到，如果要得到世界各国人民的持续支持，这种干预必须以正当的普遍性原则为基础。这项发展着的倾向于通过干预保护平民免遭大规模屠杀的国际规范无疑将继续对国际社会构成深刻挑战。[386]

非洲公法中干涉权的演变为这一“深刻挑战”提供了有力证据。无论出于人道主义原因还是其他原因，早期的区域实践对干预都极为抵触。事实上，建立区域组织的多边条约明确规定了不干涉的义务。正如前面所讨论的，非洲统一组织不干涉成员国内政的原则使这个现已不存在的泛非组织对非洲大陆内部冲突不能采取干涉行动。这种对干涉的沉默并不是非洲所独有的。在拉丁美洲，《美洲国家组织宪章》第18条规定：“任何国家或国家集团都无权以任何理由直接或间接干涉其他国家的内部或外部事务。”[387]

---

[386] Statement of the Secretary－General to the UN General Assembly, 20 September 1999, UN doc. SG/SM/7136.

[387] Charter of the Organization of American States, 30 April 1948, 119 *UNTS* 3, Art. 18.

《美洲国家组织宪章》的有趣之处在于，不干涉的义务不仅适用于单方面干涉，也适用于集体干涉。然而，根据《美洲国家组织宪章》，基于《联合国宪章》第 103 条规定的优先地位，禁止集体干涉的规定很可能不适用于联合国安全理事会授权的执法行动。相反，美洲国家组织的禁令针对的是《联合国宪章》缔结国以外的国家结盟采取的行动。然而，在区域性文件中确立不干涉的严格责任原则，其主要后果是，联合国更加难以根据宪章第 53 条利用此项区域办法采取行动。当某个区域宪章禁止本区域国家集团干涉另一个联合国成员国时，该集团未必会向联合国提供执法力量，其很可能会更希望由联合国直接出面实施这种干涉。

正是在这种背景下，《非盟组织法》中规定的干涉权利必须得到审视。在此背景下，有两点尤其需要。第一，以往没有任何其他区域组织将这种权利纳入其宪制性文件。第二，《联合国宪章》本身没有明确承认国际组织在发生大规模人权侵害的情况下对成员国进行军事干涉的权利，尽管近年来，联合国根据宪章第 7 章将有关情势定性为对国际和平与安全的威胁，并多次授权进行强制干涉。[388]

《非盟组织法》中干涉权的规定标志着集体人道主义干预开始在区域层面（至少在非洲）得到支持。这种范式转变由此带来了一系列法律后果。第一，同意通过干涉保护人权的原则，似乎最终缓解了主权价值和人权价值之间的紧张关系，并且支持了后者。因此，在非洲大陆，国家主权可能不会再被当

---

[388] C. Le Mon and R. Taylor, "Security Council Action in the Name of Human Rights", *African Yearbook of International Law* 11, 2003, pp. 263-300.

作某一成员国境内侵犯人权和实施镇压政策的“保护伞”。第二，非盟对成员国进行干涉，不再需要联合国安理会根据宪章第7章事先确定存在对和平的威胁或对和平的破坏。相反，非盟本身承担着决定干涉事由的责任。作出决定后，它只需要联合国根据宪章第8章的规定采取行动。鉴于非洲大陆目前的经济形势，联合国还要为军事行动提供财政和后勤支持。随着非盟继续制定有关干涉的非洲公法规则，外部势力欲在安理会阻止用非洲方式解决非洲问题，在法律和政治上都将更加困难。第三，非盟原则赋予宪章中关于执行维持国际和平与安全行动概念新的含义，并使联合国在人道主义干预领域与泛非组织建立了新的关系。最终，随着所有非洲国家明确承认基于人道主义进行干涉的权利，至少在其区域组织实施干涉行动之时，国际法已经取得了开拓性进展，因为在缺乏具体明确的人道主义干涉规定的情况下，学者们迄今都只能依凭道义和伦理的正当性来论证该权利的存在。[389]

二、禁止违宪的政权更迭

在非洲公法范围内制定的第二个创新原则是禁止违宪的政权更迭。这一原则建立在泛非主义争取内部自决权斗争的基础之上。早期泛非会议决议中经常表达这一原则，宣称各国政府的权力应以被统治者的同意和人民的意愿为基础。20世纪六七十年代非洲国家获得独立后不久，非洲大陆上军人领导的政府和其他独裁政权激增，使这种泛非主义理念被抛在了一边。

---

〔389〕 A. Cassese, “*Ex iniuria ius Oritur*: Are We Moving Towards International Legitimation of Forcible Humanitarian Countermeasures in the World Community”, *European Journal of International Law* 10, 1999, 1, pp. 23-30.

非洲统一组织没有现成的解决方案来使之复兴,似乎也不愿意或者不能处理这个问题。毫无疑问,它的复兴受到了不干涉成员国内政原则的阻碍,奉行国家主权传统结构的国家元首对该原则给予了过分的强调。穆纳·恩杜洛(Muna Ndulo)回忆说:

在1996年以前,尽管经常遭到谴责,但大多数军人政权在经过一段时间之后,总能盼来非洲统一组织和国际社会的承认和接受。然而,自20世纪90年代民主复兴以来,政变越来越不被容忍。非洲领导人越发认识到民主、和平与发展之间的联系。他们已经认识到,民主、善治、尊重人权和法治是非洲大陆安全、稳定和发展的先决条件。这已转化为对阻止违宪政府更迭的手段和方法的不断探索。虽然已经取得了很大进展,但这是一个缓慢的进程,相关规范仍在不断发展。[390]

有关防止违宪政权更迭的规范始于1999年非洲统一组织阿尔及尔首脑峰会。会议期间,非洲统一组织通过了一项决议,禁止通过非民主或违宪手段掌权的政府出席非洲统一组织首脑会议。[391] 这项获得一致通过的决议指出,违宪政权更迭是不可接受和不合时宜的行为,与非洲统一组织促进民主原则和惯例发展的承诺相悖。[392] 对于一个迄今为止一直避免表面上干涉其成员内部事务的组织来说,这项决议是一次大胆的变革行动。继《阿尔及尔宣言》之后,非洲统一组织成员国在

---

〔390〕 M. Ndulo, "The Prohibition of Unconstitutional Change of Government", in Yusuf and Ouguergouz, op. cit., pp. 252-253.

〔391〕 See Algiers Declaration, supra footnote 66.

〔392〕 Ibid.

2000年多哥洛美峰会上通过了《关于违宪政权更迭的洛美框架》。洛美框架通过的直接动因是四个不同的非洲国家(尼日尔、科特迪瓦、几内亚比绍和科摩罗)在同月发生的政变。这一框架首次确立了一系列关于明确政权更迭是否违宪的因素。这些因素包括:

(一)针对民选政府发动军事政变;(二)雇佣军干预以取代民选政府;(三)由持不同政见的武装团体和叛乱分子取代民选政府;(四)经过自由、公正和定期选举后,现任政府拒绝将权力移交给获胜的政党。[393]

作为对非民主政权体制演变的进一步肯定,洛美峰会通过的《非盟组织法》中明确包括一条基本原则:"谴责和拒绝违宪政权更迭"。[394]

《非洲民主宪章》等非洲公约禁止违宪政权更迭,增强了人民自由选择一个真正有代表性政府的权利的制度保障,并巩固了其作为一项创新性法律原则的地位。不过国际法却从未以同样明确的方式承认过这项原则。例如,《世界人权宣言》确立了人民的意愿作为各国政府合法性和内部自决权利的基础,其中规定:

人民的意志是政府权力的基础;这一意志应以定期的和真正的选举予以表现,而选举应依据普遍和平等的投票权,并以

---

〔393〕 See The Framework for an OAU Response to Unconstitutional Change of Government, July 2000, AU Doc. AHG/Decl. 5 (XXXVI).

〔394〕 Constitutive Act of the AU, Art. 4 (p).

不记名投票或相当的自由投票程序进行。[395]

然而,《世界人权宣言》的规定只是人民自由选择政府权利的一般性声明。此外,它没有规定国际社会应采取的具体行动,例如对违背人民意愿上台的非代表性或专制政府的制裁。相反,非洲原则和为适用该原则而制定的规则,与美洲国家组织成员国所采取的措施类似。美洲国家组织在 2001 年的一项宣言中通过了一项“民主条款”,该条款规定,对西半球国家民主秩序的任何违宪修改或中断,都将成为该国政府参加美洲首脑会议进程的一个不可逾越的障碍。[396] 此外,2001 年 9 月 11 日通过的《美洲民主宪章》[397] 明确规定“美洲人民有民主权利,他们的政府有义务促进和捍卫民主”,并进一步规定“有效行使代议制民主是美洲国家组织成员国法治和宪法制度的基础”。[398]

区别于美洲国家组织采用的类似倡议,非盟原则被赋予了作为创新性原则的附加价值和地位,这不仅体现在非盟原则作为一项具有约束力的规则被纳入传统文件中,还体现在其实际适用中,在非洲大陆或是发生政变的情况下(如马达加斯加、马里、尼日尔、几内亚比绍和科摩罗),或是经证明为自由公平

[395] Universal Declaration of Human Rights, GA res. 217A (Ⅲ), UN doc A/810 at 71 (1948), Art. 21, para. 3.

[396] Third Summit of the Americas, Declaration of Quebec City, 22 April 2001, Declaration of Quebec City, available at http://www.summit-americas.org/iii_summit/iii_summit_dec_en.pdf.

[397] Inter-American Democratic Charter, 30 May 2001, OAS Doc. OEA/SerP/AG/Res. 1.

[398] Op. cit. footnote 397, Arts. 1-2.

的选举结果被现任政府(如科特迪瓦)忽视的情况下。[399] 因此,《非盟组织法》通过禁止非洲大陆上违宪的政权更迭并对此采取具体行动,有效地在新的非洲公法中纳入明确的原则和规则,旨在保护非洲各国人民自由选择具有代表性政府的权利,使非洲人民能够实现其内部的自决权。通过建立这些规范,新的泛非组织也重新与泛非主义的理念相连接,并且确立了法律规则,以恢复泛非运动长期以来为非洲大陆人民而主张的权利。从这一点来看,非盟关于违宪政权更迭的规则应被视为一种尝试,即为非洲国家摆脱殖民统治、正式独立后尚未兑现的某些权利提供有效的法律救济,进而完成非洲人民的解放和自决进程。

尽管非盟制定了规则和措施,但非洲大陆仍在发生违宪政权更迭,特别是政变形式的政权更迭,这使恩杜洛等学者认为:

要使准则发挥效力,非盟必须在面临违宪政权更迭时,坚定不移、始终如一地采取行动。毕竟,它在序言中承诺促进和保护人权和人民的权利,巩固民主制度和文化,确保非洲的善治和法治。规范的应用必须使潜在的权力篡夺者相信失败的风险很高,成功的收益很低。但是必须认识到,这一问题只能通过立法手段来解决。政变发生在缺乏政权合法性、统治者与被统治者之间缺乏充分对话、经济危机、宪政框架内的腐败指控,以及禁止团体参与国家治理的情况下。因此,促进包容的、民主政府的发展,以及推进和保护善治和法治的机制和机构的

---

〔399〕 See supra, Chapter Ⅳ.

发展,仍是当前的一大挑战。[400]

国际法律人、学者和非洲公民一致认为,要确保充分尊重人民自由选择真正具有代表性的政府的权利,非洲大陆还有许多工作要做。尽管如此,非盟制定的创新原则和规则是有益的开始,可能有助于根除非洲大陆的非法掌权行为,特别是在与《非盟组织法》的其他原则一起实施的情况下。

三、尊重民主原则与善治

尊重民主原则、人权、法治和善治原则,规定在《非盟组织法》中,并通过《非洲民主宪章》得到了进一步发展。《非洲民主宪章》的权威来源于《非盟组织法》,并且代表了非盟将非洲大陆上的善治原则与民主理想加以制度化的努力。如上所述,非盟原则及《非洲民主宪章》中的相关规定与美洲国家组织在 2001 年通过的《美洲民主宪章》和“民主条款”有所不同,因为非洲规则被规定在具有法律约束力的文件中,而违反规则的行为则受到联盟的密切监督。事实上,根据《非洲民主宪章》第 44 条和第 45 条,非盟委员会被赋予了作为“执行本宪章所需的协调机制”[401]的中心作用。非盟原则和宪章的规定也具有创新性,因为在其他区域组织的法律和一般国际法中都找不到具有约束力的类似规定。[402] 宪章还特别规定,“各缔

---

[400] Ndulo, op. cit., pp. 273–274.

[401] African Charter on Democracy, Arts. 44–45.

[402] 《非洲民主宪章》于 2012 年 2 月 15 日生效,在编写本书时,已得到非盟 22 个会员国的批准。它补充了已经开展的治理措施,例如非洲发展新伙伴计划(NEPAD)框架内正在实施的非洲同行审议机制(APRM)。

约国应致力于促进民主、法治和人权”[403]且“各缔约国应承认民众参与普选是人民不可剥夺的权利”。[404] 它还要求各缔约国“通过促进民主文化和实践，建立并强化治理机构，以及灌输政治多元主义和宽容思想，培育、支持和巩固善治”。[405] 此外，它还加强了非盟成员国的承诺，即举行可信、透明和合法的选举，通过在政府违宪更迭的情况下规定非盟制裁，提高民主治理的价值。然而，它还未达到西非经共体于2001年通过的议定书的标准，该议定书规定了次区域组织成员国所共有的宪法原则。《西非经共体议定书》第1条规定：

（一）分权——行政、立法和司法部门的权力授权，加强议会的权力，保障议会的豁免权；司法独立：法官在履行职责时应独立；律师的自由应得到保障（但不影响他们在藐视法庭或违反普通法的情况下应承担的刑事或纪律责任）。

（二）获取权力必须通过自由、公平和透明的选举。

（三）对通过违宪手段获得或维持的权力“零容忍”。

（四）普遍参与决策，严格遵守民主原则，在各级管理中分散权力。

（五）武装部队必须去政治化，必须受合法组成的政治机关的领导；现役军人不得谋求竞选公职。

（六）国家在所有与宗教有关的事项上保护世俗主义和中立；在现有法律的限制下，每个人在国家领土的任何地方都可以自由地信奉其所选择的宗教。世俗主义应扩展到国家的所

---

[403] African Charter on Democracy, Art. 4 (1).

[404] Ibid., Art. 4 (2).

[405] Ibid., Art. 2 (6).

有地方,但不应剥夺国家在尊重人权的情况下,管理在其领土范围内存在的不同宗教的权利,或在任何宗教活动导致法律和秩序崩溃时进行干预的权利。

(七)国家及其所有机构属于全体公民;因此,国家及其所有机构的任何决定和行动均不应涉及任何形式的歧视,无论是基于民族、种族、宗教或区域的歧视。

(八)《非洲人权和民族权宪章》及其他国际文件所载的权利,应在每一个西非经共体成员国得到保障;每个个人或组织均可自由诉诸普通法院或民事法院、特别管辖法院,或在国际人权文件框架内设立的任何其他国家机构,以确保保护他/她的权利。在没有特别管辖权的法院的情况下,本补充议定书应视为赋予普通法或民事司法机构必要的权力。

(九)政党应当依法成立,并有权在法律允许范围内自由活动。其成立和活动不应基于民族、宗教、地区或种族因素。他们应自由参与任何选举,不受阻碍或歧视。保障反对派的自由。各成员国可根据法律规定的标准,采用政党筹资制度。

(十)保障结社自由和集会、组织和平示威的权利。

(十一)保障新闻自由。

(十二)所有前国家元首享有包括行动自由在内的特殊地位,享受与其原国家元首身份相适应的特殊待遇。[406]

---

[406] Protocol on Democracy and Good Governance Supplementary to the Protocol Relating to the Mechanism for Conflict Prevention, Management, Resolution, Peacekeeping and Security, 21 December 2001, ECOWAS Doc. A/SPl/12/01. 西非经共体成立于 1975 年,由 15 个国家(贝宁、布基纳法索、佛得角、科特迪瓦、冈比亚、加纳、几内亚、几内亚比绍、利比里亚、马里、尼日尔、尼日利亚、塞内加尔、塞拉利昂、多哥)组成。

尽管非洲联盟15个成员国可以在次区域组织框架下就民主治理的共同原则和规则达成一致，证明共同价值观的存在，但从制定《非洲民主宪章》的广泛原则和规定来看，很明显，类似的协议在大陆层面无法达成。这并不一定会减损非盟文件的质量，该文件无疑是大陆层面的重大成就，反映了非洲国家为加强非洲大陆的民主制度和实践所做的努力。必须结合非洲统一组织或非盟通过的其他规范性文件，如《非洲人权和民族权宪章》和2003年的《非洲发展新伙伴关系民主宣言》（以下简称《新伙伴民主宣言》——译者注）来分析《非洲民主宪章》，这两份文件都承认，社会经济发展取决于促进非洲国家的民主治理模式的发展。例如，《新伙伴民主宣言》明确申明非盟致力于促进民主和保护与民主有关的人权，包括但不限于所有公民在法律面前一律平等，成立和加入政党和工会的权利以及个人参加自由公正选举等不可剥夺的权利。[407] 根据《新伙伴民主宣言》，非洲同行审议机制负责审查非洲国家在通过和执行文件所述目标，特别是《新伙伴关系民主宣言》方面的进展情况。然而，审议进程的一个主要缺陷在于同行审议机制的独立准入标准，该机制迄今吸引的国家远远少于“新伙伴计划”所吸引的国家。要想使非洲同行审议机制成为《新伙伴民主宣言》的一个有效的执行机制，就必须要求非盟所有成

---

〔407〕 NEPAD Declaration on Democracy, Political, Economic and Corporate Governance, 9 March 2003, NEPAD Doc. NEPAD/HSGIC/03-2003/APRM/MOU/Annex I.

员国加入同行审议机制。[408]

与此同时,非洲国家及其人民将不得不依赖《非洲民主宪章》的执行机制。宪章第46条规定,大会及和平与安全理事会有权决定根据《非盟组织法》和《非盟和平与安全理事会议定书》对不合规成员国采取适当措施。[409]《非洲民主宪章》缔约国可能因不遵守宪章的一般原则而受到大会及和平与安全理事会的制裁,尽管宪章本身没有规定这类措施。鉴于《非洲民主宪章》于2012年2月才生效,现在评估这些强制措施的效力可能还为时过早。非盟大会及非盟和平与安全理事会的未来实践将决定这一从法律角度来看具有创新性的宪章,将在多大程度上有效地确保非洲国家尊重民主和法治。鉴于非洲大陆在治理方面仍存在严重差距,宪章的执行将对非洲人民的未来福祉产生重大影响。

第二节 其他创新的约束力文件:《坎帕拉公约》

除规定保护人民权利和善治标准的法律文件外,其他若干区域性文件也规定了创新的规则和原则。《非盟保护和援助非洲国内流离失所者公约》(《坎帕拉公约》)是第一个在国际层面解决国内流离失所者困境,并建立保护和援助法律制度

---

〔408〕 迄今为止,加入同行审议机制的包括以下国家:阿尔及利亚、安哥拉、贝宁、布基纳法索、喀麦隆、刚果(布)、吉布提、埃及、埃塞俄比亚、加蓬、加纳、肯尼亚、莱索托、利比里亚、马拉维、马里、毛里塔尼亚、毛里求斯、莫桑比克、尼日利亚、卢旺达、圣多美和普林西比、塞内加尔、塞拉利昂、南非、苏丹、坦桑尼亚、多哥、乌干达、赞比亚(截至该中译本出版之时,乍得、科特迪瓦、赤道几内亚、冈比亚、纳米比亚、尼日尔和突尼斯也已加入非洲同行审议机制——译者注)。

〔409〕 African Charter on Democracy, Art. 46.

的,具有约束力的文件。[410] 公约序言部分回顾道,“缺乏一个具有约束力的非洲和国际法律和体制框架,专门用于防止一国境内出现流离失所的现象,并保护和援助国内流离失所者”。[411] 当然,这并不意味着人权法或人道法既不覆盖也不保护国内流离失所者,因为其中一些规则可能适用于国内流离失所者的情况,从而被用于保护他们。

然而,正如前联合国国内流离失所者权利问题特别报告员弗朗西斯·登(Francis Deng),在1995年联合国关于保护国内流离失所者的国际规范的报告中指出的,当时存在的两项国际人权公约和区域公约所载的国际人权法准则,以及1949年《日内瓦公约》及其议定书和国际难民法所载的国际人道主义法准则,在保护国内流离失所者方面存在重大差距:

> 对国内流离失所者的保护不足的两种情况如下:一种覆盖不足的领域是由法律保护上的空白造成的,即在法律保护上没有明确的规范来解决流离失所者的明确需求……另一种覆盖不足的领域是,虽然存在一般性规范,但却没有明确规定更具体的权利,以确保在国内流离失所者特别需要的领域执行一般性规范……在这种情况下,存在从现有的一般规范中推断出具体法律权利的可能性;但通过在国际文件中详细释明这些具体保证,将会加强对国内流离失所者的保护。[412]

---

[410] African Union Convention for the Protection and Assistance of Internally Displaced Persons in Africa (hereinafter Kampala Convention), 22 October 2009, 49 *ILM* 86.

[411] Kampala Convention, Preamble.

[412] Report of the Representative of the Secretary-General, Mr. Francis M. Deng, 5 December 1995, UN doc. E/CN. 4/1996/52/Add. 2, para. 411.

在联合国的指导下,弗朗西斯·登创设了一系列原则,即《联合国国内流离失所者指导原则》(以下简称《联合国指导原则》——译者注),以弥补这些空白。然而,这些原则并不是具有约束力的国际法规则,而且由于这些原则是由专家而不是国家或其代表制定的,因此不具备能够发展成为习惯法规范的国家实践的资格。

尽管如此,指导原则还是对《坎帕拉公约》产生了影响。例如,《坎帕拉公约》对"国内流离失所者"一词的定义,比其他根据《联合国指导原则》制定的国际文件中对这类人的定义要广泛得多。这两份文书都将国内流离失所者定义为:

> 被迫或不得不逃离或离开其家园或经常居住地,特别是由于或为了逃避武装冲突、普遍的暴力、人权侵害或者自然或人为灾难的影响,并且没有越过国际公认的国家边界的个人或群体。[413]

然而,《坎帕拉公约》和《联合国指导原则》在许多方面存在差异,主要是在保护国内流离失所者所需的干预框架方面。由于公约的主要目标之一是避免或缓解国内流离失所,并消除国内流离失所的根源,因此公约规定了缔约国的某些义务。第一,缔约国必须遵守包括人权和人道主义法在内的国际法规定的义务,防止和避免可能导致人员任意流离失所的情况发

---

〔413〕 Kampala Convention, Art. 1 (k); UN Commission on Human Rights, Addendum: Guiding Principles on Internal Displacement (hereinafter UN Guiding Principles), 11 February 1998, UN doc. E/CN. 4/1998/53/Add. 2, Principle 1.

生。[414] 第二,缔约国必须在可能流离失所的地区设立预警系统,建立备灾和管理机制。[415] 第三,公约规定了禁止任意迁离的类别,并规定所有人都有权受到保护,不受任意迁离之害。[416]

缔约国政府有法律义务去防止的被禁止的任意迁离的类别包括:

(一)基于种族歧视政策的迁离;(二)武装冲突情况下对平民的大规模迁离,除非事关平民的安全需要;(三)故意用作战争手段的迁离;(四)普遍暴力或侵犯人权造成的迁离;(五)有害行为造成的迁离;(六)作为集体惩罚手段的迁离;(七)在发生自然或人为灾害的情况下强制疏散,除非事关相关人员的安全或健康需要;以及(八)任何其他类似行为造成的没有国际法上的正当理由的迁离。[417]

国内流离失所者处在一个缔约国领土上或其管辖范围内,该缔约国便负有保护这些流离失所者的主要责任。[418] 这些国家必须尊重非盟、联合国及其人道主义机构的职责,尊重非政府的人道主义组织在向国内流离失所者提供保护与援助方面所发挥的作用,并允许所有救济物资、设备和人员迅速无阻地到达国内流离失所者身边。[419] 相比之下,除涉及国内流离失所者当中的少数民族和土著居民的有限情形之外,《指导

[414] Kampala Convention, Art. 4 (1).
[415] Ibid., Art. 4 (2).
[416] Ibid., Art. 4 (4).
[417] Ibid., Arts. 4 (4) (a)-(h).
[418] Ibid., Art 5 (1).
[419] Ibid., Art. 5 (3).

原则》并未规定国家或区域组织应承担的具体义务，[420] 只是要求有关当局或负责迁离的部门需承担坚持这些原则的责任。但是，《坎帕拉公约》建立了国家和区域保护机制，同时亦保留了灵活性，以追究非国家行为者的犯罪责任。

例如，公约的一个创新之处是关于在武装冲突中保护和援助国内流离失所者的特别条款。该条款一开始就明确规定，公约并不赋予卷入内部武装冲突的武装团体法律地位，不承认其合法性。[421] 虽然公约没有赋予该群体这类权利，但其承认侵犯国内流离失所者权利的行为应根据国际法和国内法规定承担个人责任。在这方面，公约对武装团体和这些团体的成员作了区分，即前者的地位不被承认，后者可能作为个人被追究刑事责任。[422] 通过这一区分，公约禁止这类团体的成员以个人身份任意迁离人口、妨碍向国内流离失所者提供保护和援助、妨碍人道主义援助及向国内流离失所者运送救济物资、限制国内流离失所者的行动、招募儿童当兵或者要求或许可其参与敌对行动。而《联合国指导原则》的相应条款仅规定："这些原则不影响国际法规定的个人刑事责任，特别是与种族灭绝、危害人类罪和战争罪有关的刑事责任。"[423]

如上所述，这两个文件之间的一个关键区别是，《坎帕拉公约》以其他作为非洲公法组成部分的人权和治理公约为模式，这些公约期待非盟在侵犯人权或严重违反人道法的情况下进行干预。为实现这一目标，公约确认，非盟有权在严重情势

---

[420] UN Guiding Principles, Principle 9.

[421] Kampala Convention, Art. 7 (1).

[422] Ibid., Art. 7 (3).

[423] UN Guiding Principles, Principle 1 (2).

(战争罪、危害人类罪和种族灭绝罪)下对成员国进行干预,成员国也有权要求联盟进行干预,以恢复其领土上的和平与安全。[424] 此外,它规定了非盟在保护和援助国内流离失所者方面的某些义务,特别是有义务支持缔约国的努力,协调调动资源,并在援助国内流离失所者的过程中与国际组织和人道主义机构合作。[425]

公约的另一个独特创新涉及大型发展项目或与自然资源勘探开采有关的项目所产生的人口迁离现象,这在《联合国指导原则》中未作规定。[426] 在此情形下,公约规定,缔约国应明确"有关非国家行为者(包括跨国公司与私人军事和安保公司)对任意人口迁离或此类行径中的共谋行为承担责任"。[427] 缔约国还必须明确"参与勘探和开发经济、自然资源并导致流离失所现象的非国家行为者的责任"。[428]

与此同时,公约规定了缔约国监管公共或私人施工者实施的大型项目的特定义务。[429] 在这种情况下,缔约国有义务尽可能防止施工项目造成人民流离失所,并应确保包括公司或公共单位在内的相关各方能及时通知可能因项目而流离失所之人,并充分征求其意见,以探寻可行的替代方案。[430] 公约还规定缔约国在实施拟议开发项目之前应对其社会经济和环境影响进行评估。

---

[424] Kampala Convention, Art 8 (1).

[425] Ibid. , Art. 8 (3).

[426] Ibid. , Art. 10.

[427] Ibid. , Art. 3 (h).

[428] Ibid. , Art. 3 (i).

[429] Ibid.

[430] Ibid.

国际法目前仍缺乏针对一国境内人口流离失所问题的独特性而制定的法律制度。随着本公约的缔结,该创新性文件丰富了非洲公法,其规定的关于保护国内流离失所者的规则具有约束力,适用于非洲内部关系,并有可能在今后促使类似的全球性规范和原则被制定。这些条款无疑将在未来对整个非洲大陆产生重大的法律影响。例如,由于大型开发项目的人口迁离计划受到影响的人可以凭借这些条款向国内法院或非洲人权和民族权法院寻求救济。他们还可以求助于一些次区域法院(如西非经共体法院),以确保他们根据《坎帕拉公约》所享有的权利得到尊重。

第三节 将集体权利纳入实在法:发展权

与上文讨论的权利类似,发展权是非洲公法的一项独特规范,具有国际性规范所不具备的创新性。非洲学者对发展权的创设和承认所作的贡献,以及非洲独特的权利路径的发展,都是不容否认的。发展权产生于20世纪六七十年代的特殊法律背景下,非洲国家与来自亚洲和拉丁美洲的盟国一同发起或促成了联合国关于发展问题的决议,如1962年联大第1803(XVII)号决议宣布:

> 各国人民和国家对其自然财富和资源享有永久主权的权利,必须为其国家发展和有关国家人民的福祉而行使。[431]

---

[431] GA res. 1803, UN doc. 1803 (XVII), UN doc. A/5217 (1962).

早在1969年，非洲法学界就开始讨论发展权这一从未被国际法承认的权利。后来担任国际法院法官和院长的贝贾维在1969年海牙国际法学院发表的一次讲话中，表示：

经济合作必须符合新的国际法精神，即要求最富裕的国家有义务本着人类团结的精神，排除一切剥削观念，为最弱势国家的发展作出贡献。[432]

另一位前国际法院法官、副院长凯巴·姆巴伊（Keba Mbaye）则被公认为第一个将发展权定义为人权的人。1972年，他在国际人权研究院发表了题为"作为一项人权的发展权"的演讲，后来他提出：

发展权有两个层面：一是国内层面，二是国际层面。这是人民可以向其国家或有组织机构的国际社会诉求的一项权利或特权……最后，根据《联合国宪章》所规定的责任，国际社会是实现发展权义务的履行者。[433]

在姆巴伊法官发表演讲近10年后，发展权被明确纳入《非洲人权和民族权宪章》，这标志着缔约国在发展权方面的义务首次在一项条约得到了明确。宪章首先在序言中确定，缔约国在明确第20条和第22条所述权利的内容之前，"确信对发展

---

〔432〕 M. Bedjaoui, "Pour un nouveau droit social international", *Yearbook of the A. A. A.*, 1969, Vol. 39, p. 29.

〔433〕 K. Mbaye, "Le développement et les droits de l'homme", *Revue sénégalaise de droit*, 1977, No. 22, p. 37.

权给予特别关注实属必需”。[434] 第 22 条规定“一切民族在适当顾及本身的自由和个性并且平等分享人类共同遗产的条件下，均享有经济、社会和文化的发展权”，[435] 同时第 20 条规定“一切民族……应自由地决定其政治地位，并按照它们自由选择的政策谋求其经济和社会的发展”。[436] 除确立发展权外，宪章还赋予各国维护这一权利的相应责任和义务。第 22 条第 2 款规定“各国均有义务单独或集体保证发展权利的行使”。[437]

1986 年，即宪章生效那年，联大通过了《联合国发展权利宣言》。在此之前，发展权一直是联合国广泛讨论和辩论的中心议题。[438] 宣言第 1 条相关内容规定：

> 发展权利是一项不可剥夺的人权，由于这种权利，每个人和所有各国人民均有权参与、促进并享受经济、社会、文化和政治发展，在这种发展中，所有人权和基本自由都能获得充分实现。[439]

第 2 条规定发展权是个人和集体的权利，但承认“人”（human person）是发展的主体。[440] 第 3 条规定“各国对创造有利于发展权利的国家和国际条件负有主要责任”，并规定：

---

[434] Banjul Charter, Preamble, Arts. 20, 22.

[435] Ibid., Art. 22.

[436] Ibid., Art. 20.

[437] Ibid., Art. 22.

[438] Declaration on the Right to Development, 4 December 1986, UN doc. A/RES/41/128.

[439] Ibid., Art. 1.

[440] Ibid., Art. 2.

> 实现发展权利需要充分尊重有关各国依照《联合国宪章》建立友好关系与合作的国际法原则。[441]

尽管《联合国发展权利宣言》得以通过,但自20世纪70年代以来,发展权的范围就一直存在争议。事实上,工业化国家和发展中国家对发展权的范围提出了不同的解释。[442] 发达国家赞同的做法旨在将发展权确立为"第三权利"(tertiary right),除遵守现有人权规范外,国家并不承担直接义务,而发展中国家往往将发展权解释为对国际社会特别是工业化国家施加的明确义务。根据汉松格尔(Hansungule)的说法:

> 在非洲和发展中国家看来,发展权的目标是作为一种变革的工具,以寻求一个更公正、更人道的社会。相反地,发达国家则将发展权(以及人权整体)视为一种维持现状的工具,因此这是一种更具防御性和谨慎性的立场。[443]

萨拉马(Salama)认为,这种紧张的对立表明:"发展权不再只是一种修辞,但它尚未成为现实"。[444]

发展权是否使一国对其人民承担任何积极的法律义务,这一问题是区别《联合国发展权利宣言》和《非洲宪章》的根本基础。虽然这两个文件都承认各国在实现发展权方面的义务,但

---

[441] Ibid., Art. 3.

[442] See Bedjaoui, op. cit., p. 1191.

[443] M. Hansungule, "The African Charter on Human and Peoples' Rights", in Yusuf and Ouguergouz, op. cit., pp. 434-435.

[444] I. Salama, "The Right to Development: Towards a New Approach?", 10 *Perceptions*, 2005, p. 49.

《非洲宪章》将这些义务置于人民所享有积极权利这一语境下，而《联合国发展权利宣言》并未制定有约束力的规则，只是承认"人是发展的主体"。相反，非洲背景下的发展权首先是各国人民的权利，这使缔约国承担了实质性义务。乌格古兹(Ougergouz)的认为：

> 对第22条另一种可能的解释是，缔约国对保障人民享有发展权负主要责任……在任何情况下，都不得没收人民凭此权利所享有之物。[445]

非洲人权和民族权委员会在分析"印多若斯案"[446]中的发展权时，确定了这项权利的范围，成为非洲公法的一项规范。"印多若斯案"涉及的是肯尼亚印多若斯族成员提交的来文，指称肯尼亚共和国侵犯了他们根据《非洲人权和民族权宪章》第22条所享有的发展权，由于没有让印多若斯人参与关于其祖先土地使用问题的决策进程，这些土地被国家列为禁猎区。[447] 肯尼亚辩称，其已履行并完成了支持印多若斯族的一切发展目标，因为其已经

> 制订了一项宏大长远的、普及的免费初等教育方案和一项农业恢复方案，旨在增加包括印多若斯族在内的农村贫困人口

[445] F. Ouguergouz, *The African Charter on Human and Peoples' Rights*, 2003, p. 319.

[446] *Centre for Minority Rights Development (Kenya) and Minority Rights Group (on behalf of Endorois Welfare Council) v. Kenya*, African Commission on Human and Peoples' Rights, 11-25 November 2009.

[447] Ibid., paras. 1-20.

的家庭收入，并通过选区发展基金和选区奖学金启动公平分配预算资源的方案。[448]

肯尼亚进一步称，印多若斯族在决策过程中通过其在县议会的代表获得了充分的代表权，并且在印多若斯采矿委员会知晓的情况下，已就该地区授予的采矿特许权进行了谈判。[449]

委员会首先制定了确定侵犯发展权行为的适用标准，认为构成

> 双叉标准，该标准既具工具性，也具基础性，或作为一种手段和目的具实用性。违反程序或实质要件都会侵犯发展权。[450]

委员会还确定了满足发展权所需的五项主要标准：

> （国家行为须）公平、非歧视、注重参与、负责和公开透明，发挥公平和选择权（效用），这在发展权中极为重要，甚至压倒一切。[451]

关于政府将一民族的祖先土地转变为采矿特许地的问题，委员会将发展权标准的程序要件定义为，国家有义务通过与社群协商土地的使用情况来确保参与。[452] 正如委员会解释

---

[448] Ibid. ,para. 271.

[449] Op. cit. footnote 446,paras. 275-276.

[450] Ibid. ,para. 277.

[451] Ibid.

[452] Ibid. ,paras. 283,289.

的那样，发展权的程序性内容要求建立一种适当的程序，其中，社群的识字率、谈判地位、合法性和协商条件都决定了国家能否妥当地使社群参与到其土地或资源的决策过程中。[453]

委员会制定了能使受影响社群分享项目收益的标准，从而界定了发展权的实质要件。正如委员会所称：

> 肯尼亚当局仅向印多若斯族提供粮食援助是不够的。还须改善印多若斯族人的生存能力，扩大其选择权，这样才能使他们的发展权得到保障。[454]

最终，委员会确定肯尼亚违反了发展权的实质性要件，因为它没有为该社群提供选择的自由，以决定如何处置土地，也没能使该社群分享在其土地上进行的项目或开发活动所获的收益。[455]

委员会在“印多若斯案”中的裁决清楚表明，在非洲范围内，发展权是一项实在法，根据该法，国家在资源利用和分配方面具有程序性和实质性义务。委员会将发展权确立为一项可诉性权利，其类似于行政行为的公法审查。最终，非盟的司法和准司法机关将发展权解释为试图质疑国家行为的人民可以通过诉讼获得的权利，这是非洲人民和泛非主义理念的一大胜利。发展权为非洲各国人民提供了另一种渠道，使各国能严格遵循基于人民意愿、民众参与及经济社会发展的泛非治理原则。正如非洲国家倡议的其他若干规范的情况一样，发展权也有可能在未来成为普遍国际法的一部分。

---

[453] Op. cit. footnote 446, paras. 281-284, 292.

[454] Ibid., para. 283.

[455] Ibid., paras. 279, 296, 298.

第六章　非洲公法与国际法：扩大国际规则适用范围

正如第五章所述，新的非洲公法不仅确立了适用于非洲内部关系的具有原创性与创新性的原则和规则，还通过特定的非洲公约、新规则和原则，扩大了这些规范的适用范围，或补充了内容，从而创制了新的规范，补充和丰富了现有的国际法规则和原则。这些补充性的非洲区域法律规则的实例可见于《班珠尔宪章》、《关于非洲难民问题特定方面的公约》、《非洲儿童权利和福利宪章》以及《非洲妇女权利议定书》。在环境保护方面，类似的例子可见于《禁止向非洲进口危险废物并控制危险废物越境转移和管埋的巴马科公约》。

与国际法的普遍性规则相比，我们讨论了《班珠尔宪章》中某些具有创新性的补充性条款,特别是在集体权利方面。因此在本章中,我们将仅对上述其他公约独特的、补充性的特点作简要的审查。但是在谈及《非洲难民公约》之前,值得注意的是,《班珠尔宪章》是第一份明确承认受迫害个人享有“寻求和获得庇护”权利的约束性国际文件。虽然对各国实现这项权利的方式尚不明确,但该权利今后很有可能被非洲人权机构(如非洲人权和民族权委员会或非洲人权和民族权法院)所援引。

第一节 《非洲难民公约》的独特性

《非洲统一组织关于非洲难民问题特定方面的公约》(以下简称《非洲难民公约》——译者注)于 1969 年通过,并于 1974 年生效。[456] 该公约的目的之一是全面解决非洲大陆难民形势中的独特问题。但是,它不是有关非洲大陆难民保护的唯一法律文件。大多数非洲国家都是《联合国关于难民地位的公约》(《1951 年公约》)[457] 及其 1967 年议定书[458] 的缔约国。《班珠尔宪章》也涉及非洲难民的权利。

《非洲难民公约》规定《1951 年公约》是“关于难民地位的基本的、具有普遍约束力的文件”,而它则是当前唯一具有法律约束力的区域性难民保护文件。顾名思义,它对非洲难民问

[456] Convention Governing the Specific Aspects of Refugee Problems in Africa (hereinafter African Refugee Convention), 10 September 1969, 1001 *UNTS* 45.

[457] Convention Relating to the Status of Refugees (hereinafter Refugee Convention), 28 July 1951, 189 *UNTS* 137. 目前《1951 年公约》的 145 个缔约国当中,有 45 个是非洲国家。

[458] Protocol Relating to the Status of Refugees (hereinafter Refugee Convention Protocol), 4 October 1967, 606 *UNTS* 267. 目前 1967 年议定书的 146 个成员国当中,有 46 个是非洲国家。

题作了具体的规定,并对《1951年公约》关于非洲的监管框架作了补充。《非洲难民公约》的确是《1951年公约》最重要的区域性补充,因为它在促进和保护难民权利方面的举措远远超过后者,包括扩大了"难民"的定义,承认广义上的"不推回"原则,强调任何难民遣返行动的自愿性质。《非洲难民公约》进一步加强了庇护制度,并通过规定"给予庇护的权利"扩大了《1951年公约》的适用范围。

《非洲难民公约》最为公认的创新之处在于对难民的定义。该定义部分基于《1951年公约》的规定,后者将"难民"描述为:

> 由于在1951年1月1日以前发生的事情,并有充分理由畏惧由于种族、宗教、国籍或政治见解而受到迫害,留在其国籍国境外,并且由于此项畏惧而不能或不愿受该国的保护的人,或者不具有国籍并由于此类事情留在其以前经常居住的国家以外而不愿返回该国的人。[459]

但《非洲难民公约》则扩大了难民的这一定义,公约规定:

> "难民"一词也适用于因外来侵略、占领、外国统治或严重扰乱其原籍国或国籍国部分或全部领土上的公共秩序的事件而被迫离开其经常居住地的人,以便其在原籍国或国籍国之外的其他地方寻求庇护。[460]

---

[459] Refugee Convention, Art. 1 (A) (2).

[460] African Refugee Convention, Art. 1 (2).

这种对“难民”一词相对宽泛的表述是对非洲难民面临的具体问题的直接回应，特别是在《非洲难民公约》通过之时。在此期间，一些非洲国家仍处于殖民统治之下，而其他国家，如津巴布韦和南非，则处于种族主义少数派政权的管治之下。与这些国家相邻的非洲独立国家则由于支持解放运动而时常遭受侵略。因此，“外来侵略、占领和外国统治”的措辞旨在保护自由战士及其支持者。当然，这一规定也适用于非洲独立国家面对外来侵略的情形，但此类冲突已十分罕见，特别是自非盟以及包括和平与安全理事会在内的各种和平解决争端机制建立以来。

一个更受关注的情况是，即使在今天，《非洲难民公约》与《1951 年公约》的一大区别在于前者提出了“严重扰乱其（个人的）原籍国或国籍国部分或全部领土上的公共秩序的事件”[461]的措辞。该措辞仍然与过去 20 年来一直困扰非洲大陆的国内冲突有关，这促使非盟采取措施，以便在一国政府不能保护其本国人民的情况下恢复非洲人民的和平与安全。埃泽（Eze）说道：

> 无论条约的解释存在什么问题，《非洲难民公约》第 1 条第 2 款必定旨在涵盖所有形式的难民，无论他们是否来自独立的非洲国家，也无论他们是投身于解放战争还是民主斗争。[462]

《非洲难民公约》中对难民的广泛定义将保护范围扩大到

[461] Ibid.

[462] See O. Eze, “The Convention Governing the Specific Aspects of Refugee Problems in Africa”, in Yusuf and Ouguergouz, op. cit., p. 503.

了所有为逃避暴力而被迫离开其经常居住国、国籍国或原籍国的人，无论其本人是否因政治迫害而处于危险之中。《1951 年公约》只为那些基于五种法定原因（种族、宗教、国籍、特定社会团体成员或政治见解）之一而畏惧受到迫害的人提供法律保护，《非洲难民公约》则对不符合这些要求的、逃避各种冲突的人群也予以保护。《非洲难民公约》定义的创新性在于，它明确规定难民地位甄别的客观标准应基于难民原籍国的普遍情形。因为它需要客观地进行难民地位的甄别，所以《非洲难民公约》所规定的难民定义比依赖主观判断的《1951 年公约》更能适用于难民大规模流动的情形。《非洲难民公约》允许给予难民群体以难民地位，不必让每个人都接受个别筛查，而《1951 年公约》在理论上并未建立这样的程序。

此外，《非洲难民公约》对难民的定义并不要求难民有"充分理由"畏惧受到迫害，而这是《1951 年公约》所规定的个人申请难民地位的基本标准之一。根据《非洲难民公约》中更广泛的定义，难民地位的确定取决于具体情况是否属于法定的逃亡理由，即外来侵略、占领、外国统治或严重扰乱公共秩序的事件。同样，《非洲难民公约》规定，发生"在其原籍国或国籍国的任何部分或全部领土上"的事件或冲突可成为获取难民地位的原因，从而摒弃了《1951 年公约》所规定的一个人必须在可能且可行的情况下首先在本国的其他地方寻求安全的要求。简言之，《非洲难民公约》起草者慎重地决定省略《1951 年公约》所规定的难民定义的若干要素，有效地扩大了有资格根据《非洲难民公约》获得难民地位的人群的类别。

《非洲难民公约》的进步性影响了其他区域组织。例如，1984 年在哥伦比亚卡塔赫纳召开了一次政府代表与杰出拉美法学家的座谈会，以讨论该地区难民的国际保护问题。这次会议通过了后来被称为《卡塔赫纳宣言》的文件，该文件建议整个拉美地区采用的难民定义应当包括符合《1951 年公约》定义的人群以及逃离本国的人群，"因为他们的生命、安全或自由受到普遍暴力、外来侵略、国内冲突、大规模人权侵犯或其他严重扰乱公共秩序情况的威胁"。[463]

虽然《卡塔赫纳宣言》对各国没有法律约束力，但大多数拉美国家将该定义作为一种惯例适用，有些国家已将该定义纳入本国立法。[464] 鉴于《卡塔赫纳宣言》中难民定义的扩大化，不可否认的是，拉美国家采用的确定难民地位的客观标准受到了《非洲难民公约》的启发。[465]

《非洲难民公约》还补充了《1951 年公约》有关庇护的内容。关于庇护的制度由各种要素组成，包括：(一)允许个人进入一国领土；(二)授权个人留在该领土；(三)拒绝驱逐或引渡该人；(四)根据《1951 年公约》第 31 条、第 32 条和第 33 条，避免起诉、惩罚该人或以其他方式限制个人自由。这些要素共同阐明了"不推回"的基本原则。[466]

《非洲难民公约》第 2 条内容如下：

(一)非洲统一组织成员国应尽其最大努力，按照各国立

[463] Cartagena Declaration on Refugees, Colloquium on the International Protection of Refugees in Central America, Mexico and Panama, 22 November 1984, OAS Doc. OEA/Ser. L/V/II. 66/doc. 10, Art. 3.

[464] L. Jubilut and F. Piovesan, "Regional Developments: Americas", in A. Zimmerman (ed.), *The 1951 Convention Relating to the Status of Refugees and Its 1967 Protocol: A Commentary*, 2011, pp. 219-220.

[465] Ibid., p. 219.

[466] Refugee Convention, Arts. 31-33.

法接收难民,并确保那些由于有充分理由不能或不愿返回其原籍国或国籍国的难民得以定居。

(二)向难民提供庇护是一种和平与人道主义行为,任何成员国不得视其为不友好行为。

(三)成员国不得对任何人采取诸如边境拒绝、遣返或驱逐等措施,迫使其返回或停留在由于第1条第1款和第2款所列理由导致其生命、人身安全或自由受到威胁的领土上。

(四)如果一个成员国发现难以继续向难民提供庇护,该成员国可直接或通过非洲统一组织向其他成员国发出呼吁,这些成员国应本着非洲团结与国际合作的精神,采取适当措施减轻给予庇护的成员国的负担。

(五)难民未获得在任何庇护国居住的权利的,根据前款的规定,可以在其首次以难民身份出现的任何庇护国临时居留,等待重新安置的安排。

(六)出于安全考虑,庇护国应尽可能将难民安置在与其原籍国边境有合理距离的地方。[467]

在庇护惯例方面,《非洲难民公约》第2条有若干创新规定,与《1951年公约》相应的规定相比,这些规定为难民提供了更加全面而广泛的保护。

第一,根据第1款和第2款的规定,《非洲难民公约》促进了庇护权的发展,尽管它并未将庇护权确立为个人权利。但是,它鼓励各国向难民提供庇护,并将庇护机构非政治化,将庇护行为定性为"不得被任何会员国视为不友好行为"的"和平

[467] African Refugee Convention, Art. 2.

与人道主义行为”。[468]

第二,根据第 3 款,它承认广义上的“不推回”原则,将《1951 年公约》中的国家安全例外排除在外,并扩大了“不推回”原则的时间范围,以便从寻求庇护者进入边境的那一刻起即对其实施保护。

第三,它规定了负担分担和难民临时保护。因此,如果一个非洲国家“发现难以继续向难民提供庇护”,它可以直接或通过非盟呼吁其他非洲国家采取“适当措施”,包括区域安置、财政支持和政治责任分摊。[469] 关于难民安置合作的明确呼吁旨在加强非洲国家之间的团结,以应对由邻国冲突造成的大规模难民潮。有关临时保护的规定,是非洲国家在区域庇护制度方面实行负担分摊的另一个例子,适用于已被承认为难民但在任何期间均未被授予居留权的人。[470] 在这种情况下,公约保留其难民身份,直到其能得到重新安置或自愿被遣返为止。

《非洲难民公约》还因为坚持难民遣返的自愿性而有别于《1951 年公约》。事实上,它是第一个也是唯一一个正式坚持难民遣返自愿的国际法律文件。例如,第 5 条第 1 款规定:“遣返在任何情况下都应符合基本自愿性质,不得违背难民意愿遣返难民。”[471] 这是第 2 条关于庇护的规定中包含的重要推论,特别是关于“不推回”原则的规定。为落实自愿遣返原则,公约要求庇护国、原籍国、志愿机构、国际组织和政府间组

[468] African Refugee Convention, Art. 2 (2).

[469] Ibid.

[470] Ibid., Art. 2 (5).

[471] Ibid., Art. 5 (1).

织在遣返过程中协助难民,并确立自愿遣返的具体形式。[472]

第二节 《非洲儿童权利和福利宪章》的附加价值

《非洲儿童权利和福利宪章》(《儿童宪章》)于 1990 年通过,于 1999 年 11 月 29 日生效。[473] 虽然宪章在《联合国儿童权利公约》(《儿童权利公约》)通过不到一年后就获准通过,[474] 但其制定过程是在 1979 年利比里亚蒙罗维亚举行的非洲统一组织国家元首和政府首脑会议第十六届常会上启动的。[475]

正如彼得(Peter)和姆瓦利姆(Mwalimu)所述:

> 考虑到非洲的社会和文化价值,《非洲(儿童)宪章》力求补充《联合国儿童权利公约》,以保护儿童权利免受侵犯。该宪章宣示了集体权利和个人责任,将非洲价值观与国际规范相结合,其中包括个人对家庭、社会和国家的责任。宪章的独特之处在于其规范性内容的独创性,规定了公民权利和政治权利,经济、社会和文化权利,以及儿童特有的一些保护性权利。此外,《非洲(儿童)宪章》规定了第三代权利,并着重推定社会中的个人既履行义务又享有权利。[476]

---

[472] See generally, African Refugee Convention, Art. 5.

[473] African Charter on the Rights and Welfare of the Child, OAU Doc. CAB/LEG/24. 9/49 (1990).

[474] Convention on the Rights of the Child, 20 November 1989, UN doc. A/44/49.

[475] Declaration on the Rights and Welfare of the African Child (hereinafter Children's Charter), 17-20 July 1979, OAU Doc. AHG/ST. 4 Rev. I.

[476] C. Peter and U. Mwalimu, "The African Charter on the Rights and Welfare of the Child", in Yusuf and Ouguergouz, op. cit., p. 480.

这就是《儿童宪章》的附加价值,也是它对本章所重点关注的全球性《儿童权利公约》加以补充的方式。非洲文件的一个重要贡献就是对"儿童"的定义。《儿童宪章》无条件地适用于每个18岁以下的人,[477]而《儿童权利公约》则将儿童定义为"18岁以下的任何人,除非对其适用之法律规定成年年龄低于18岁"。[478] 与《儿童权利公约》不同,《儿童宪章》对儿童作出了明确的定义,不允许通过包括诸如"除非成年年龄低于18岁"[479]等限定语来限制儿童的概念。因此,根据《儿童宪章》,18岁以下的每个人都被视为儿童。

由于这一定义上的差异,《儿童宪章》规定的保护级别高于其联合国的同等级别。最显著的例子是,第一,在儿童参与敌对行动方面,《儿童宪章》规定18岁以下的人不允许参与敌对行动,[480]而《儿童权利公约》却允许年龄为15—18岁的儿童直接参与敌对行动。[481] 根据《儿童权利公约》通过的一项关于武装冲突中儿童权利的任择议定书规定,禁止18岁以下的人直接参与敌对行动和被强征入伍。然而,即便该议定书也允许18岁以下的人自愿入伍。[482] 鉴于非洲在武装冲突中使用儿童兵的普遍问题,《儿童宪章》明确禁止18岁以下的人参军,这显然是正当的,并应被解释为对非洲大陆武装冲突现实的回应。

---

[477] Children's Charter, Art. 2.

[478] CRC, Art. 1.

[479] Ibid.

[480] Children's Charter, Art. 22 (2).

[481] CRC, Arts. 38 (2)-(3).

[482] Optional Protocol to the Convention on the Rights of the Child on the Involvement of Children in Armed Conflict, 25 May 2000, UN doc. A/RES/54/263, Art. 3.

第二,《儿童宪章》不允许童婚,[483] 而《儿童权利公约》可被解释为不禁止在成年年龄低于 18 岁的情况下结婚。[484]

第三,《儿童宪章》第 11 条规定,缔约国必须“对女性、资优儿童和弱势儿童采取特别措施”,并“确保在完成学业前怀孕的儿童有机会根据其个人能力继续发展”。[485] 《儿童权利公约》则没有对女童的教育问题作出特别规定。

第四,考虑到家庭是社会的天然单位与基础,《儿童宪章》明确考虑了对孕妇和婴幼儿母亲处罚问题,而《儿童权利公约》对此未作规定。为确保幼儿不与母亲分离,《儿童宪章》规定,缔约国尤其应确保对犯罪母亲的非监禁刑和替代刑加以考虑,为她们提供特殊的替代设施,且不判处她们死刑。[486] 根据这一规定,宪章认为儿童不是孤立的个体,而应当在家庭完整的背景下对他们加以照顾和保护。

此外,《儿童宪章》对儿童难民的保护范围似乎更广,其允许国内流离失所儿童获得难民保护的资格,因为宪章并未限制流离失所原因类型,其包括内乱、国内武装冲突或经济、社会秩序崩溃等。[487] 与之形成鲜明对比的是,《儿童权利公约》只保护难民儿童。这种对国内流离失所者权利的无条件保护反映了国内流离失所儿童面临的苦境,这种苦境尤其影响着非洲国家。该无条件保护不能仅诉诸难民法,因为在国际法及这两种文件中对难民的定义并不适用于国内流离失所者。

---

[483] Children's Charter, Arts. 2, 21 (2).

[484] CRC, Art. 1.

[485] Children's Charter, Art. 11 (3).

[486] Ibid. , Art. 30.

[487] Ibid. , Art. 23 (4).

《儿童宪章》的创新性进一步体现在对人权不同类别的处理上。宪章没有明确区分公民权利和政治权利，以及经济、社会和文化权利。例如，虽然《儿童权利公约》规定社会经济权利只能在最大限度地利用现有资源的情况下生效，[488]《儿童宪章》却不包含这一限制。不过，正如彼得和姆瓦利姆所指出的：

在宪章关于社会经济权利的更具体规定中，与资源可用性相关的限制似乎是允许的。关于教育权的第 11 条第 3 款和关于残疾儿童权利的第 13 条第 3 款可以说明这一论点。这些说明性条款所包含的权利可被归类为社会经济权利，并逐步得到实现。因此可以假定，尽管宪章中权利类别之间的区别不那么明显，但这种区别仍然潜藏在宪章的某些条款中。[489]

但是，《儿童宪章》规定其中所载的权利应被视为最低标准的权利，且不得妨碍给予比宪章本身保护级别更高的其他文书所载权利的效力。[490] 因此，《儿童宪章》所提供的保护级别可由其他人权文书以及可能在社会经济权利方面加强儿童保护的国家立法加以补充。

关于有害文化习俗的问题，《儿童宪章》中的规则也比《儿童权利公约》中的规则更为广泛。宪章第 1 条第 3 款规定：

任何与本宪章所载权利、责任和义务不一致的习惯、传统、

[488] CRC, Art. 4.

[489] Peter and Mwalimu, op. cit., pp. 481-482.

[490] Children's Charter, Arts. 1 (2).

文化或宗教习俗应在其与宪章相抵触的范围内被制止。[491]

这是非洲范围内的一项重要规定，因为它对非洲国家施加了一项义务，即任何与宪章所载权利、责任和义务不一致的习惯、传统、文化或宗教习俗应在与宪章相抵触的范围内被制止。

《儿童宪章》在确立儿童的责任以及权利方面也有其独创性。第31条规定"每个儿童对其家庭和社会、国家和其他法律承认的团体以及国际社会负有责任"。[492] 这些职责包括：为家庭团结努力，为国家集体服务，维护和加强社会与国家团结，维护和加强非洲价值观，对促进和实现非洲统一作贡献。[493] 这一系列义务强调了宪章对儿童广泛的文化和发展背景的重视。儿童不但是权利人，也是人力资源，是一个有能力执行和落实泛非主义统一、团体和集体原则的行为人，所有非洲人皆是如此。

最后，在执行方面，《儿童宪章》将非洲儿童权利和福利委员会（非洲委员会）作为其执行机构，其任务范围比联合国儿童权利委员会的任务范围更加广泛。虽然后者有权审议缔约国的报告，但非洲委员会除国家报告外，还有一个保护儿童的额外机制，包括个人申诉审查制度与调查程序。[494]

[491] Children's Charter, Arts. 1 (3).

[492] Ibid., Arts. 31.

[493] Ibid., Arts. 31 (a)-(f).

[494] See ibid., Arts. 42-45; CRC, Arts. 43-45.

第三节 《非洲妇女权利议定书》的补充属性

《非洲人权和民族权宪章》(《班珠尔宪章》)只有一个关于妇女权利的条款,即第 18 条第 3 款,其中规定:

国家应确保消除对妇女的一切歧视,同时也应确保维护国际宣言和公约所规定的妇女和儿童的权利。[495]

尽管第 18 条第 3 款明确规定了缔约国终止歧视的义务,但非洲大陆妇女团体并未将《班珠尔宪章》视为促进和保护妇女权利和自由的适格文件。马扬贾(Mayanja)认为,非洲妇女团体对《班珠尔宪章》的怀疑源于宪章确立妇女权利的大背景。[496] 具体来说,第 18 条第 3 款之前有两款强调了家庭作为社会缩影的重要性:

(一)家庭是社会的自然单位和基础。它应当受到国家的保护,国家应当关心它的物质上和精神的健康。

(二)国家有责任帮助家庭,它是社会所确认的道德和传统价值的捍卫者。

马扬贾进一步认为:

---

[495] Children's Charter, Art. 18 (3).

[496] R. Mayanja, "The Protocol on the Rights of Women in Africa", in Yusuf and Ouguergouz, op. cit., p. 457.

《班珠尔宪章》第18条将针对妇女以及其他弱势人群(如老年人和残疾人)的单一非歧视条款置于家庭的保护之下,表明非洲统一组织十分关注家庭及其某些成员的脆弱性,为此它规定国家有义务帮助和保护家庭。这一不适格安排从一开始就削弱了旨在为非洲妇女建立人权保护框架的条款的重要性和有效性。[497]

鉴于《班珠尔宪章》在妇女权利方面存在的这些明显缺点,2003年7月《非洲妇女权利议定书》获得通过。该议定书于2005年11月25日生效,此时它已获得了15个国家的批准。议定书的通过和生效是承认非洲妇女权利的一个重要里程碑。然而,当各缔约国试图在整个非洲大陆实施和执行这些权利时,关于议定书是否有助于创造"非洲妇女特有的权利",或是非洲妇女生活现实所决定的非洲方针,以及她们在享有人权和自由方面所面临的特殊挑战等问题仍然存在。问题是,议定书是在《联合国消除对妇女一切形式歧视公约》(《消除对妇女歧视公约》)方面有所创新,还是在一些重要方面对后者加以补充,从而在非洲加强对妇女权利的保护?

维尔乔恩(Viljoen)认为:

与《消除对妇女歧视公约》相比,议定书更明确地阐述了有关非洲妇女的、值得特别关注的事宜,将《消除对妇女歧视公约》适用于非洲现实,并重新寻求因该公约的适用而未达成之全球共识。更具体地说,议定书扩大受保护权利的范围,使

[497] Ibid. ,p. 458.

之超出《消除对妇女歧视公约》所规定的范围，并以更具体的方式处理该公约所规定的权利。[498]

事实上，《非洲妇女权利议定书》的规定从议定书中对妇女歧视的定义开始，扩大并丰富了《消除对妇女歧视公约》相应规定的范围。该协议将歧视定义为：

基于性别的任何区别、排斥、限制或任何差别待遇，其目的或效果会损害或破坏妇女在生活各方面对其人权与基本自由的认识、享受或行使，而无论她们的婚姻状况如何。[499]

尽管议定书的定义与《消除对妇女歧视公约》第1条第1款的规定一致，但仍需特别关注两点。首先，议定书的定义更为广泛，因为它包括“差别待遇”。[500] 其次，正如马扬贾所指出的：

和《消除对妇女歧视公约》不同，议定书中没有“基于男女平等”这一用语。这表明，议定书的起草者们有意识且审慎地决定，基于妇女自身特征对其权利进行确认，从而与男性权利区分开来。因此，议定书聚焦于赋予妇女保障权利和妇女作为

[498] F. Viljoen, "An Introduction to the Protocol to the African Charter on Human and Peoples' Rights on the Rights of Women in Africa", 16 *Wash. & Lee J. Civil Rts. Soc. Just.*, 2009, p. 21.

[499] African Union, Protocol to the African Charter on Human and Peoples' Rights on the Rights of Women in Africa (hereinafter African Women's Protocol), 11 July 2003, Art. 1 (f).

[500] Cf. Convention on the Elimination of All Forms of Discrimination against Women (hereinafter CEDAW), 18 December 1979, GA res. 34/180, UN doc. A/34/46, Art. 1.

权利享有者的法律地位,并确保这些权利在非洲人权体系中居于中心地位。[501]

关于消除对妇女有害的习俗,《消除对妇女歧视公约》第2条第6款要求各缔约国“采取包括立法在内的一切适当措施,修改或废止现有的法律、法规、习惯和惯例”。[502]《非洲妇女权利议定书》第5条扩大了这一广泛的义务,要求对某些惯例加以禁止,“例如各种形式的女性外阴残割、割礼、女性外阴残割的医学化和准医学化”,以及这些惯例的受害者的保护和康复。[503] 因此,《非洲妇女权利议定书》扩大了《消除对妇女歧视公约》的适用范围,确定了特定的区域性惯例,并建立了受害者救济机制。

这两个公约在适用于妇女的基本人权待遇方面也存在差异。《非洲妇女权利议定书》第3条确定妇女有权享有尊严和作为人而受到尊重的权利。[504] 因此,它强制国家有义务采取措施禁止侮辱和剥削妇女,以及采取措施保护妇女免遭各种形式的暴力,特别是性暴力。此外,议定书第4条要求各缔约国采取若干措施以防止对妇女的暴力行为,包括颁布和执行“禁止对妇女的一切形式的暴力行为,包括不情愿的或强迫的性行为,无论暴力行为是发生在私密场合还是公共场合”。[505]《消除对妇女歧视公约》则没有强调将暴力作为一种歧视形式。

---

[501] Mayanja, op. cit. , p. 461.

[502] CEDAW, Art. 2 (f).

[503] African Women's Protocol, Art. 5 (b).

[504] Ibid. , Art. 3.

[505] Ibid. , Art. 4.

虽然《消除对妇女歧视公约》一般侧重于妇女所面临的制度性歧视,但《非洲妇女权利议定书》关于"核心权利"的规定为非洲妇女在私人领域,特别是在家庭领域面临的问题确立了补救办法。从本质上讲,这些权利解决了国际文件对暴力问题的沉默,使这样的歧视形式可以在区域层面得到解决

关于婚姻,这两种文件都有类似的规定,但《非洲妇女权利议定书》在禁止童婚(规定最低结婚年龄为 18 岁)、鼓励一夫一妻制,同时保护一夫多妻关系中妇女的婚姻和家庭权利方面有不同规定。[506] 这些区别旨在为遭受潜在歧视性婚姻制度的非洲妇女提供保护,这种歧视在非洲很常见,但在《消除对妇女歧视公约》中却没有得到确认。因此,虽然《消除对妇女歧视公约》不禁止童婚,但也未考虑应给予一夫多妻关系中的妇女哪些婚姻权利,以防止歧视和虐待,《非洲妇女权利议定书》则规定缔约国有义务为此目的颁布立法。

关于各国对"给予男女在法律面前平等的地位"[507] 义务的规定,《消除对妇女歧视公约》主要侧重于赋予和保护妇女的法律能力,并未考虑妇女诉诸司法的问题,这却是《非洲妇女权利议定书》关于妇女法律地位规定的独创性重点内容。第 8 条特别要求各缔约国确保"妇女有效获得司法和法律服务,包括法律援助",[508] 并规定"妇女在司法和执法方面享有平等的代表权"。[509] 同样,《消除对妇女歧视公约》的规定只涉及妇女的法律主体能力问题,而《非洲妇女权利议定书》则关注的

---

[506] African Women's Protocol, Arts. 6 (b)-(c).

[507] CEDAW, Art. 15 (1).

[508] African Women's Protocol, Art. 8 (a).

[509] Ibid., Art. 8 (e).

是不平等制度和程序因素造成的妇女歧视的诸多形式。例如,在司法和执法中的代表性,执法机关适用和解释性别平等权的能力,以及获得法律服务(包括法律援助)的机会。[510] 由于这些因素在发展中国家特别普遍,《非洲妇女权利议定书》解决了妇女在法律面前缺乏平等保护的许多根本原因。

《非洲妇女权利议定书》第14条涉及健康和生殖权利,其在构建生殖权利框架方面超越了其他具有约束力的条约,如《消除对妇女歧视公约》。如果非洲国家实施,它可以成为确保非洲妇女普遍获得生殖健康的工具。议定书规定的妇女生殖健康权利的三个最重要组成部分是:

(一)生殖和性决策,包括生育人数和生育间隔、避孕选择以及自我保护免受艾滋病毒感染的权利。

(二)获得关于艾滋病毒或艾滋病和生殖健康的信息。

(三)获得生殖健康服务,包括产前服务和与堕胎有关的服务。[511]

第14条还是在一项国际条约中首次提及了艾滋病毒或艾滋病,并首次表达了堕胎权,尽管其仅限于因性攻击、强奸或妇女的身心健康受到威胁的情况下。[512] 此外,它特别承认婚内强奸是一种基于性别的暴力形式,并"确认保护妇女免遭艾滋病毒和艾滋病危害是妇女性权利和生殖权利的关键组成

[510] African Women's Protocol, Art. 8.

[511] Ibid., Art. 14.

[512] Ibid., Arts. 14 (1) (d)-(e), Art. 14 (2) (c).

部分”。[513]

虽然《消除对妇女歧视公约》规定了一系列仅适用于农村妇女的、有限的经济和社会权利,[514]但《非洲妇女权利议定书》规定了包括弱势妇女在内的所有妇女的一些经济和社会福利权利。对所有妇女而言,第 15 条和第 16 条就食物、水安全和适当居所予以权利规定。[515] 对于弱势妇女群体,《非洲妇女权利议定书》为在非正规部门工作的妇女规定了社会保障制度,规定了儿童特别是女童的最低工作年龄,并承认妇女在家工作的经济价值。[516] 因此,《非洲妇女权利议定书》扩大了弱势妇女的类别,反映了非洲普遍存在的经济边缘化的特殊形式,并对被边缘化的妇女加以保护。

该议定书还承认存在一类被称为“处于困境中的妇女”的女性群体,规定缔约国承诺确保对贫穷妇女和女家长的保护,包括边缘性人群的妇女,并为她们提供一种环境,以适应她们自身的条件以及特殊的物质、经济和社会需要。[517] 还要求缔约国确保为孕妇或哺乳期妇女以及被拘禁妇女提供适合她们条件和权利的环境,使她们能得到有尊严的对待。[518]

在撰写本节之时,非盟 54 个成员国中已有 36 个批准了该议定书。此外,在许多国家,“法律和制度措施,例如起诉性暴力行为人的法律(肯尼亚、利比里亚),将家庭暴力定为刑事犯罪(加纳、莫桑比克),禁止残割女性生殖器官(乌干达、津巴布

---

[513] Ibid.

[514] CEDAW, Art. 14 (1).

[515] African Women's Protocol, Arts. 15-16.

[516] Ibid. , Art. 13.

[517] Ibid. , Art. 24.

[518] Ibid. , Art. 24.

韦)和妇女权利促进机制的建立(科特迪瓦、塞内加尔),也随着这些批准书得到了确立”。[519]

尽管非洲大陆许多地区取得了不可否认的进步,但体现在议定书中的若干权利却尚未得以充分执行。在整个非洲大陆,数以千计的性暴力受害妇女继续要求公正并得到赔偿,而其他人仍在期待承认家庭地位的平等,或能够获得实在的财产权利。[520] 不幸的是,有几个缔约国没有遵守议定书第26条规定的义务,即在提交给非洲人权与民族权委员会的定期报告中,说明为充分实现《马普托议定书》(《非洲妇女权利议定书》——译者注)规定的妇女权利而采取的措施。[521]

此外,议定书的一些缔约国对被认为有争议的条款提出保留,如婚姻、财产权、性权利和生殖权利。[522] 这些国家决定《非洲妇女权利议定书》的同时,特别对早婚、财产权和生殖权利等问题作出了保留,直接影响到两性平等,削弱了议定书关于

---

[519] Fédération internationale des ligues des droits de l'homme, "Women's Rights in Africa: 18 Countries Are Yet to Ratify the Maputo Protocol", 10 July 2013, available at http://www.fidh.org/en/africa/african-union/women-s-rights-in-africa-18-countries-are-yet-to-ratify-the-maputo-13644.

[520] See A. Melo, 16-30 May 2007, Intersession Activity Report, Special Rapporteur on the Rights of Women in Africa, 41st Ordinary Session African Commission on Human and Peoples' Rights, available at http://www.achpr.org/sessions/41st/intersession-activity-reports/angela-melo/, para. 50.

[521] B. Kombo, R. Sow and F. Mohamed (eds.), *Journey to Equality: 10 Years of the Protocol on the Rights of Women in Africa*, 2013, pp. 32-34.

[522] See University of Pretoria Centre for Human Rights, "Instrument of Ratification-Gambia (2003)", available at http://www1.chr.up.ac.za/images/files/documents/ahrdd/theme40/women_instrument_ratification_gambia_2003.pdf; ibid., "Instrument of Ratification-Namibia (2003)", available at http://www1.chr.up.ac.za/images/files/documents/ahrdd/theme40/women_instrument_ratification_namibia_2003.pdf; ibid., "Instrument of Ratification-South Africa (2003)", available at http://www1.chr.up.ac.za/images/files/documents/ahrdd/theme40/women_instrument_ratification_southafrica_2003.pdf.

《消除对妇女歧视公约》的补充条款的规范效力。不过,正如马扬贾所指出的那样:

> 议定书的通过和迅速生效所发出的信息是明确的,非洲妇女不再愿意承受持续存在的歧视和对自己权利与自由侵犯。她们决心追究各国在促进和保护人权上的国家责任。[523]

也许正是由于这种社会动员和宣传,冈比亚才撤销了对议定书的保留,[524]而对《消除对妇女歧视公约》作出保留的三个非洲国家(利比亚、莱索托和毛里塔尼亚)也并未对议定书作出同样的保留,尽管如上所述,与《消除对妇女歧视公约》相比,这份非洲文件在许多重要方面扩大了妇女权利范围。

第四节 扩大环境保护范围:《巴马科公约》

《班珠尔宪章》明确表示了非洲国家在保护环境方面的利益,其规定"一切民族均有权享有一个有利于其发展的普遍良好的环境"。[525]《阿布贾条约》更具体地提及了对有害废物的控制,并规定:

> 各成员国承诺单独和共同采取一切适当步骤,禁止在各自领土内进口和倾倒有害废物。他们还承诺在此类于非洲产生

---

〔523〕 Mayanja, op. cit., p. 475.

〔524〕 See F. Viljoen, *International Human Rights Law in Africa*, 2012, p. 256.

〔525〕 Banjur Charter, Art. 24.

的废物的越境转移、管理和处理方面开展合作。[526]

20 世纪 80 年代末,一系列事件引发了对有害废物的这一特别关注,最终导致公众对非洲国家签订的接收和储存源自欧洲和美国的有害废物合同的谴责。[527] 非洲统一组织部长理事会 1988 年 5 月 23 日通过的一项决议首先明确了泛非主义对这些事件的反应。其特别指出,在非洲倾倒核废料和工业废料是对非洲大陆人民的犯罪,并请非洲国家停止与跨国公司签订此类合同。[528]

随后,《禁止向非洲进口危险废物并在非洲内部管理和控制危险废物越境转移的巴马科公约》(《巴马科公约》)[529] 于 1991 年 1 月 30 日在 51 个非洲国家参加的环境部长会议中通过,并于 1998 年 4 月 22 日生效。其原创的环境保护路径,使其成为非洲公法的创新性条约之一,补充了在世界范围内通过的国际文件。《巴马科公约》是对《控制危险废物越境转移及其处置的巴塞尔公约》(《巴塞尔公约》)[530] 中存在的缺陷作出直接回应,在危险废物的定义、进口和倾倒方面违反者的赔偿责任制度,以及用于判定违反这些规则的科学标准方面,这些

[526] Abuja Treaty, Art. 59.

[527] See F. Ouguergouz, "The Bamako Convention on Hazardous Waste: A New Step in the Development of the African International Environmental Law", *African Yearbook of International Law* (1993), Vol. 1, p. 199.

[528] See OAU Doc. CM/Res. 1153 (XLVIII) (1988); OAU Doc. AHG/182 (XXV) (1988).

[529] Bamako Convention on the Ban of the Import into Africa and the Control of Transboundary Movement and Management of Hazardous Wastes within Africa (hereinafter Bamako Convention), 30 January 1991, 30 *ILM* 773.

[530] Basel Convention on the Control of Transboundary Movements of Hazardous Wastes and Their Disposal (hereinafter Basel Convention), 22 March 1989, 1673 *UNTS* 125.

缺陷被认为损害了非洲国家的利益。[531] 因此,《巴马科公约》规定了国际法创新性规则和原则,这些规则和原则考虑到了非洲危险废物处置的具体现实情况。

《巴马科公约》扩大和丰富了《巴塞尔公约》相应条款的范围,包括关于危险废物定义和识别的条款。事实上,《巴马科公约》第 2 条第 1 款第 1 项对危险废物的定义涵盖了公约附件一所列举的所有形式的废物,[532] 而《巴塞尔公约》则将不具备附件三所列危险特性的、附件一规定的废物类别[533] 排除在外。因此,《巴马科公约》是目前唯一对"危险废物"加以定性的公约,即

> 基于人类健康与环境原因,已被政府管制行动禁止、取消或拒绝登记的,或自愿撤销在生产国登记的危险物质。[534]

此外,《巴马科公约》明确将放射性废物列入条约范畴,而《巴塞尔公约》则将此类废物交由其他国际法律文件加以规范。[535] 因此,《巴马科公约》规定了更加严格和全面的分类制度,这对非洲的发展中国家更有利。

《巴马科公约》还特别规定绝对禁止非公约缔约国的国家

---

[531] See generally C. Shearer, "Comparative Analysis of the Basel and Bamako Conventions on Hazardous Waste", 23 *Envtl. L.*, 1993, p. 141.

[532] Bamako Convention, Annex I.《巴马科公约》附件一列举了临床、制药、制造、化学和工业废物,以及含有重金属和溶剂的副产品和废物。

[533] Basel Convention, Annex III.《巴塞尔公约》附件三所列危险特性包括易燃性、氧化性、毒性(急性)、腐蚀性、爆炸性、传染性和毒性(延迟或慢性)。

[534] Bamako Convention, Art. 2 (1) (a).

[535] Ibid., Art. 2 (2); Basel Convention, Art. 1 (3).

向非洲输入所有危险废物。[536] 因此,该条约只允许在非洲内部进行危险废物贸易。然而,《巴塞尔公约》仅禁止向"已禁止进口此类废物"的缔约国出口危险废物。[537] 实际上,《巴塞尔公约》允许各国自行决定是否进口有毒废物,即使该公约规定将危险废物出口到另一个国家需经该国书面同意,并要求缔约国采取适当措施,禁止将废物出口到

属于一经济和(或)政治一体化组织而且在法律上完全禁止危险废物或其他废物进口的某一缔约国或缔约国集团,特别是发展中国家……或者,如果有理由相信此类废物不会以环境无害方式处理。[538]

然而,这些保障措施都没有解决腐败、操纵地方当局和不平等谈判能力等问题,这些问题使一些发达国家在未经透明的知情同意程序的情况下向非洲国家倾倒废物。[539]

《巴马科公约》的另一个有趣之处是它所建立的单独责任制度,规定缔约国应"对危险废物生产者施加严格、无限责任以及连带责任"。[540] 《巴塞尔公约》不包括这一制度,相反,它将责任留待当事各方通过的另一项尚未生效的议定书来确定。[541] 因此,《巴塞尔公约》没有既定的责任制度,阻碍了对违

---

[536] Bamako Convention, Art. 4.

[537] Basel Convention, Art. 4 (1) (b).

[538] Ibid., Arts. 4 (1) (c), 2 (e).

[539] See supra, footnote 527.

[540] Bamako Convention, Art. 4 (3) (c).

[541] See Basel Convention, Art. 12; Basel Convention, Liability and Compensation Protocol, 1999.

反者的起诉和处罚。

更重要的是,《巴马科公约》第4条第6款规定,在危险废物的产生方面,缔约国应采取预防措施,“尤其必须防止可能对人类或环境产生危害的物质释放到环境中,而不必等待证明这种危害的科学证据”。[542] 预防措施要用到“清洁生产方法,而非基于同化能力假设的得到许可的排放方法”。[543] 然而,《巴塞尔公约》既没有明确承认预防原则,也没有强调废物产生的预防工作。相反,它把重点放在了废物的转移和处理方面。然而,《巴马科公约》本着其他泛非条约的精神,相当重视非洲环境的保护与非洲人民的健康,适用预防原则以防止进一步的损害,并构建了“环境大于开发”的情境。

在考量危险废物进口到非洲导致的具体问题方面,《巴马科公约》对《巴塞尔公约》作了有益的补充。《巴马科公约》的独特性既反映在其适用范围方面(该范围比之《巴塞尔公约》更为广泛),也反映在其规定的禁令的性质方面。因此,它或许可以激励其他区域性文件的制定,从而对《巴塞尔公约》作类似的补充。

---

[542] Bamako Convention, Art. 4 (f).

[543] Ibid.

第七章　结　语

当泛非主义作为一种思想和运动首次出现在世界舞台上时，非洲大陆及其政治实体被排除在欧洲版本的国际法（适用于自诩"文明国家"俱乐部的欧洲公法）适用范围之外。世界各地都存在不同的公法体系和国家间的法律实践，有的甚至比欧洲早得多。然而在19世纪，欧洲对国际法施加了霸权影响，欧洲实证主义学者创造了构成性承认和文明标准，先将其他国家和地区排除在所谓的"文明国家"俱乐部"迷人的圈子"（magic circle）之外，后又将欧洲公法概念和规则强加于世界其他地方。或许可以进一步说，他们暂时成功地将这些概念强加给他国——虽然，关键在于，欧洲公法向国际法的转变逐渐让位于国际法的普遍化（这是通过从根本上改变法律的范围和内容，进而改变国际社会的组成结构实现的）。

泛非主义在许多层面上参与并促进了国际法普遍化的进程。第一,泛非主义质疑了欧洲公法在法律和哲学上为殖民活动正当性所作的辩护,并呼吁为非洲大陆人民提供人权保护和自决权利。泛非主义在这些方面的影响,通过联合国的一系列决议促使国际社会承认了各国人民的自决权并制定了关于人权保护的国际文件,为非洲人民的解放作出了贡献。在对当前国家间法律制度建构施加影响的过程中,泛非运动受益于全球的发展,包括拉丁美洲各共和国的独立,美国和苏联作为主要世界大国的崛起,当代亚洲各国人民争取解放和独立的斗争,两次世界大战对殖民大国的影响,以及《大西洋宪章》和《联合国宪章》的问世。

第二,泛非主义通过联合国系统为改革和修订传统国际法作出了贡献。为实现泛非主义的理想,新独立的非洲国家自发组织起来,首先在联合国内建立了非洲国家集团,然后又作为成员国缔造了非洲统一组织及其后继者非洲联盟。本研究对这些贡献当中的一些最为突出的事例作了探讨。然而,随着国际法为满足国际社会的需要而继续发展下去,非洲国家毫无疑问将继续通过泛非机构为国际法的这种发展作出贡献,使之更好地反映不同的法律传统和价值观。

第三,国际法未来多样性的一个重要表现将是区域多样性。区域组织和区域法院对国际法规则的适用、解释和创设,可能会为国际法的发展和演进提供关键推动力。这些区域论坛可以被比作联邦制度的"实验室":实验和法律创新通常发生在权力下放层面,立法者(这里即国际立法者)与其选民会更加接近。在那里,有效的法律原则、规则以及最优实践可以在其他系统得到适用和复制,最终逐步渗透到普遍国际法的结构中。

非洲是区域立法对国际法进一步普遍化作出潜在贡献的一个极佳范例。近年来,非盟在法律创制和编纂方面发挥了重要作用。具体而言,在泛非组织(包括现已解散的非洲统一组织以及非盟)主持下缔结的众多非洲公约,和与之对应的全球性同类国际法文件相比,已经取得了相当大的进步。以非洲人民权利的保护为例,《非洲人权和民族权宪章》不仅明确地承认宪章范围内的民族权,而且将民族权拆解为自决权、自然资源权、经济权、社会与文化发展权、和平与安全权以及享有安全和健康环境的权利六项条款。这种对民族权的承认是前所未有的,更是任何其他多边人权文件都无法比拟的。此外,非洲人权和民族权委员会作为一个负责监督《非洲人权和民族权宪章》所规定的权利保护情况的准司法机构,是第一个就该宪章对"民族"加以定义,并将其适用于委员会审理的具体案件的机构。

在泛非组织主持下制定的其他创新规范,包括 1969 年《非洲统一组织关于非洲难民问题特定方面的公约》对难民概念的扩大,对发展权、清洁环境权以及非洲国家间缔结的条约中包含的其他集体权利的规定,以及《坎帕拉公约》(关于流离失所者)和《非洲民主、选举和治理宪章》所依据的创新原则和规则。更有意思的是,《非盟组织法》现已承认区域组织有权在涉及灭绝种族罪、危害人类罪和战争罪等特定情况下对其成员国进行武力干预。

我们有理由期待,随着这些规范的发展,由泛非主义所激发、在非洲公法框架内通过其区域机制制定的最佳惯例,将在未来影响国际法律规则的发展,从而为国际法的普遍化提供更多的动力。

附录一　英文缩略语中译列表

AALCC	亚非法律协商委员会
ACHPR	《非洲人权和民族权宪章》
AEC	非洲经济共同体
AfYIL	《非洲国际法年刊》
APRM	非洲同行审议机制
APRS	黄金海岸原住民权利保护协会
AU	非洲联盟
CEDAW	《联合国消除对妇女一切形式歧视公约》
CEN-SAD	萨赫勒-撒哈拉国家共同体
COMESA	东南非共同市场
CRC	《联合国儿童权利公约》
CSO	公民社会组织
CSSDCA	非洲安全、稳定、发展与合作会议
EAC	东非共同体
ECCAS	中非国家经济共同体

ECOSOCC	经济、社会和文化理事会
ECOWAS	西非国家经济共同体
EEZ	专属经济区
ICC	国际刑事法院
ICJ	国际法院
IDP	国内流离失所者
IGAD	政府间发展组织
IGADD	政府间抗旱与发展组织
ILC	国际法委员会
LPA	《拉各斯行动计划》
NEPAD	“非洲发展新伙伴计划”
OAS	美洲国家组织
OAU	非洲统一组织
PAP	泛非议会
PSC	和平与安全理事会
PTA	东部和南部非洲特惠贸易区
RECs	区域经济共同体
SADC	南部非洲发展共同体
SADCC	南部非洲发展协调会议
UK	大不列颠及北爱尔兰联合王国
UMA	阿拉伯马格里布联盟
UNCLOS Ⅲ	第三次联合国海洋法会议
US	美利坚合众国
USSR	苏维埃社会主义共和国联盟

附录二　作者主要研究成果

一、专著

1. *Legal Aspects of Trade Preferences for Developing States: A Study in the Influence of Development Needs on the Evolution of International Law*, The Hague, Nijhoff Publishers, 1982.

2. *Intellectual Property and International Trade: The TRIPS Agreement* (ed. with C. Correa), Kluwer Law International, 1st ed., 1998, 2nd ed., 2007 (Wolters Kluwer Law & Business).

3. *International Technology Transfer: The Origin and Aftermath of the Draft UN Code of Conduct* (ed. with S. J. Patel and P. Roffe), Kluwer Law International, 2000.

4. *Standard-setting in UNESCO/L'action normative à l'UNESCO* (ed.), UNESCO Publishing and Nijhoff Publishers, 2007, English and

French editions.

5. *The African Union: Legal and Institutional Framework* (ed. with F. Ouguergouz), Nijhoff Publishers, 2012.

6. *L'Union africaine: Cadre juridique et institutionel* (ed. with F. Ouguergouz), Pedone, Paris, 2013.

二、论文

1. "The Legal Status of Mercenaries in the Law of Armed Conflict", in A. Cassese (ed.), *The New Humanitarian Law of Armed Conflicts*, 1979.

2. "Towards a New Legal Framework for Marine Research: Coastal State Consent and International Co-ordination", *Virginia Journal of International Law*, Vol. 19, No. 2, 1979.

3. "Preferential Treatment as a Dimension of the Right to Development", in R.-J. Dupuy (ed.), *The Right to Development at the International Level*, Hague Academy of International Law, 1980.

4. "Differential and More Favourable Treatment of Developing Countries in International Trade: The GATT Enabling Clause", *Journal of World Trade Law*, 1981.

5. "L'élaboration d'un code international de conduite pour le transfert de technologie: bilan et perspectives", *Revue générale de droit international public* (octobre-décembre 1984), No. 4.

6. "The Legal Framework for Stable, Remunerative and Equitable Commodity Prices in International Trade", in D. Dicke and E.-U. Petersmann (eds.), *Foreign Trade in the Present and a New International Economic Order*, University Press, Fribourg, Switzerland,

1988.

7. Chapter on "Trade-related Aspects of Intellectual Property Rights", in *Uruguay Round*, *Papers on Selected Issues*, United Nations, New York 1989.

8. Chapter on "Transfer of Technology", in M. Bedjaoui (ed.), *International Law*: *Achievements and Prospects*, UNESCO, Paris, 1992.

9. "Intellectual Property Protection and International Trade: The Exhaustion of Rights Revisited", *World Competition*, Vol. 16, No. 1, September 1992.

10. "Technology and Genetic Resources in the Biodiversity Convention: Is Mutually Beneficial Access Still Possible?", in V. Sanchez and C. Juma (eds.), *Biodiplomacy*: *Genetic Resources and International Relations*, 1994.

11. "International Law and Sustainable Development: The U. N. Convention on Biological Diversity", *African Yearbook of International Law*, Vol. Ⅱ, 1994.

12. "Reflections on the Fragility of State Institutions in Africa", *African Yearbook of International Law*, Vol. Ⅱ, 1994.

13. "Intellectual Property Protection in the Countries of Africa", *International Journal of Technology Management*, Vol. 10, 1995.

14. "The Role of the Legal Adviser in the Reform and Restructuring of an International Organization-The Case of UNIDO", *Collection of Essays by Legal Advisers of States*, *Legal Advisers of International Organizations and Practitioners in the Field of Interna-*

tional Law, United Nations, Office of Legal Affairs, 1999.

15. "Developing Countries and the Multilateral Trade Rules: The Continuing Quest for an Equitable Playing Field", in Laurence Boisson de Chazournes and Vera Gowlland-Debbas (eds.), *The International Legal System in Quest of Equity and Universality*, *Liber Amicorum Georges Abi-Saab*, 2001.

16. "Government Collapse and State Continuity: The Case of Somalia", *Italian Yearbook of International Law*, Vol. XIII, 2003.

17. "The Right of Intervention by the African Union: A New Paradigm in Regional Enforcement Action", *African Yearbook of International Law*, Vol. 11, 2003.

18. "Le Conseiller juridique d'une organisation international face à la pratique", Société française de droit international, *La pratique et le droit international*, colloque de Genève, 2003, Paris, Pedone, 2004.

19. "The UNESCO Declarations on Bioethics: Emerging Principles and Standards of an International Biolaw", in N. Boschiero (ed.), *Bioetica e Biotecnologie nel Diritto Internazionale e Comunitario*, 2006.

20. "Cultural Rights as Collective Rights in International Law", lectures delivered in summer 2004 at the Thessaloniki Institute of Public International Law and International Relations, 2006.

21. "UNESCO Standard-setting Activities on Bioethics: Speak Softly and Carry a Big Stick", in F. Francioni (ed.), *Biotechnologies and International Human Rights*, Hart Publishing, 2007.

22. "La coordination des actions dans le système des Nations

Unies", in R. Chemain et A. Pellet (eds.), *La Charte des Nations Unies, Constitution Mondiale?*, Editions Pedone, 2007.

23. "La Nozione Di 'Beni Culturali Sotto Protezione Rafforzata' E Il Ruolo Dei Comitati Dell'UNESCO Per La Protezione Del Patrimonio Culturale", in *La Tutela Internazionale Dei Beni Culturali Nei Conflitti Armati, a cura di Paolo Benvenuti e Rosario Sapienza*, Giuffré Editore, 2007.

24. "The Notion of 'Armed Attack' in the Nicaragua Judgment and Its Influence on Subsequent Case Law", *Leiden Journal of International Law*, June 2012, Vol. 25.

25. "The Role that Equal Rights and Self-Determination of Peoples Can Play in the Current World Community", in A. Cassese (ed.), *Realizing Utopia: The Future of International Law*, 2012 (Oxford).

26. "The International Court of Justice (ICJ) and the Development of Human Rights Law: From Collective Rights to Individual Rights", in *La tutela dei diritti umani e il diritto internazionale*: XVI *Convegno, Catania, 23–24 giugno 2011/a cura di Adriana Di Stefano, Rosario Sapienza* (ed. Napoli: Editoriale Scientifica), 2012.

27. "La Corne de l'Afrique, fragmentation ou intégration?", *Aquilon*, No. 9, février 2013.

28. "Shepherding the Conclusion of Complex International Conventions: The Role of the Chairperson in the Negotiations on Cultural Diversity", in Tiyanjana Maluwa (ed.), *Law, Politics and Rights, Essays in Memory of Kader Asmal*, 2013.

29. "Human Rights: A Third World Perspective", in EUI AEL

2013/01 (Distinguished Lectures of the Academy).

30. "L'influence des Etats africains sur la formation des règles relatives à la zone économique exclusive", in *Liber Amicorum Raymond Ranjeva*, 2013 (ed. Pedone).

31. "Diversity of Legal Traditions and International Law: Keynote Address", *Cambridge Journal of International and Comparative Law*, Vol. 2, Issue 4, 2013.

32. "The Progressive Development of Peoples' Rights in the African Charter and in the Case Law of the African Commission on Human and Peoples' Rights", in F. Lenzerini and A. F. Vrdoljak (eds.), *International Law for Common Goods: Normative Perspectives on Human Rights, Culture and Nature*, Oxford, Hart, 2014.

33. "Is There an African *Uti Possidetis Juris*?", *Zanzibar Yearbook of Law*, 2014.

参考文献

一、专著

1. Adi, H., M. Sherwood and G. Padmore, *The 1945 Manchester Pan-African Congress Revisited*, 3rd ed., London, New Beacon Books, 1995.

2. Akintoba, T., *African States and Contemporary International Law: A Case Study of the 1982 Law of the Sea Convention and the Exclusive Economic Zone*, The Hague, Kluwer Law International, 1996.

3. Alexandrowicz, C., "The Afro-Asian World and the Law of Nations", *Recueil des cours*, Vol. 123, Martinus Nijhoff, 1960.

4. Alexandrowicz, C., *The European-African Confrontation*, Leiden, Sijthoff, 1973.

5. Amate, C. O. C., *Inside the OAU, Pan-Africanism in Practice*, London, Macmillan

Publishers, 1986.

6. Andemicael, B., *Peaceful Settlement among African States: Roles of the United Nations and the Organization of African Unity*, New York, UNITAR, 1972.

7. Asiwaju, A. and M. Crowder, *Pan-Africanism*, London, Longman, 1980.

8. Azikiwe, N., *The Future of Pan-Africanism*, Nigerian High Commission, 1961.

9. Bangoura, D. (ed.), *L'Union africaine face aux enjeux de paix, de sécurité et de défense*, Paris, L'Harmattan, 2003.

10. Biswaro, J., *Perspectives on Africa's Integration and Cooperation from OAU to AU: Old Wine in a New Bottle?*, Dar es Salaam, Tanzania Publishing House, 2005.

11. Bonfils, H., *Manuel de droit international public*, Paris, A. Rousseau, 1894.

12. Boutros-Ghali, B., *Les difficultés institutionnelles du panafricanisme*, Geneva, Institut universitaire des hautes études internationales, 1971.

13. Boutros-Ghali, B., *L'Organisation de l'Unité Africaine*, Paris, A. Colin, 1968.

14. Cançado Trindade, A. A., *International Law for Humankind: Towards a New Jus Gentium*, Leiden *et al.*, Martinus Nijhoff, 2010.

15. Casely-Hayford, J., *Gold Coast Native Institutions with Thoughts upon a Healthy Imperial Policy for the Gold Coast and Ashanti*, 2nd ed., London, Cass, 1970.

16. Casely-Hayford, J., *The Truth about the West African Land Question*, 2nd ed., London, Cass, 1971.

17. Červenka, Z., The *Organisation of African Unity and Its Charter*, New York, Praeger, 1969, p. 139.

18. Clarke, K. M., *Fictions of Justice: The International Criminal Court and the Challenge of Legal Pluralism in Sub-Saharan Africa*, Cambridge, Cambridge University Press, 2009.

19. Decaux, E. (ed.), *From Human Rights to International Criminal Law: Studies in Honour of an African Jurist, the Late Judge Laïty*, Leiden *et al.*, Martinus Nijhoff, 2007.

20. Decraene, P., *Le Panafricanisme*, 5th ed., Paris, Presses Universitaires de France, 1976.

21. Deng, F. M. (ed.), *Self-determination and National Unity: A Challenge for Africa*, Trenton, New Jersey, World Press, 2010.

22. Djiena Wembou, M. C., *L'OUA à l'aube du XXIe siècle: bilan, diagnostic et perspectives*, Paris, LGDJ, 1995.

23. Du Bois, W. E. B., *Dusk of Dawn*, New York, Oxford University Press, 2007.

24. Du Bois, W. E. B., *Pan Africa*, 1919–1958, Accra, Bureau of African Affairs, 1958.

25. Du Bois, W. E. B., *The Pan-African Movement*, S. I., Pan African Congress, 1974.

26. Du Bois, W. E. B., *The World and Africa: An Inquiry into the Part Which Africa Has Played in World History*, New York, Viking, 1947.

27. Egede, E., *Africa and the Deep Seabed Regime: Politics and*

International Law of the Common Heritage of Mankind, New York, Springer, 2011.

28. El-Ayouty, Y. (ed.), *The Organization of African Unity after Thirty Years*, Westport, Praeger, 1994.

29. Elias, T. O., *Africa and the Development of International Law*, Dordrecht *et al.*, Martinus Nijhoff Publishers, 1988.

30. Elias, T. O., *New Horizons in International Law*, 2nd ed., Dordrecht *et al.*, Martinus Nijhoff, 1992.

31. Elias, T. O., *The Nature of African Customary Law*, Manchester, Manchester University Press, 1956.

32. Fiore, P., *Nouveau droit international public suivant les besoins de la civilisation moderne*, 2nd ed., Paris, Pedone, 1885.

33. Furley, O. (ed.), *African Interventionist States*, Burlington, Vermont, Ashgate, 2001.

34. Hall, W. E., *International Law*, 7th ed., Oxford, Clarendon Press, 1917.

35. Hassouna, M., The *First Asian-African Conference Held at Bandung, Indonesia* (*April* 18–24, 1955), Cairo, Impr. Misr, 1955.

36. Hochschild, A., *King Leopold's Ghost*, Boston, Houghton Mifflin, 1999.

37. Holland, T., *The Elements of Jurisprudence*, 13th ed., Oxford, Clarendon Press, 1924.

38. Institut de droit international, *Livre du centenaire* 1873–1973: *Evolution et perspectives du droit international*, Basle, S. Karger, 1973.

39. Jeng, A., *Peacebuilding in the African Union: Law*,

Philosophy and Practice, Cambridge, Cambridge University Press, 2012.

40. Kampang, H., *Au-delà de la Conférence nationale pour les Etats-Unis d'Afrique*, Paris, L'Harmattan, 1993.

41. Khadduri, M., *The Islamic Law of Nations: Shaybani's Siyar*, Baltimore, Johns Hopkins University Press, 1966.

42. Lawrence, T., *The Principles of International Law*, Percy Winfield, ed., 7th ed., Boston *et al.*, Macmillan, 1923.

43. Legum, C., *Pan-Africanism: A Short Political Guide*, London, Pall Mall, 1962.

44. Levitt, J. (ed.), *Africa: Mapping New Boundaries of International Law*, Portland, Oregon, Hart Publishers, 2008.

45. von Liszt, F., *Le droit international*, translated G. Gidel, Paris: Pedone, 1927.

46. Lorimer, J., *The Institutes of the Law of Nations*, 1883 – 1884, Edinburgh, W. Blackwood, 1883.

47. Lynch, H., and O. Mathuris, *Henry Sylvester Williams and the Origins of the Pan-African Movement*, 1869 – 1911, New York, Praeger, 1976.

48. Macmillan, H., *Peacemakers: The Paris Conference of* 1999 *and Its Attempt to End War*, London, John Murray, 2001.

49. MacQueen, N., *United Nations Peacekeeping in Africa since* 1960, London, Longmans, 2002.

50. Makonnen, Y., *International Law and the New States of Africa*, Addis Ababa *et al.*, UNESCO, 1983.

51. Makonnen, Y., "State Succession in Africa: Selected Problems", *Recueil des cours*, Vol. 200, Martinus Nijhoff, 1986.

52. Maluwa, T., *International Law in Post-Colonial Africa*, The Hague, Kluwer Law International, 1999.

53. von Martens, G., *Précis du droit des gens moderne de l'Europe*, Paris, Guillaumin et Cie, 1831.

54. McCarthy-Arnolds, E. (ed.), *Africa, Human Rights, and the Global System*, Westport, Connecticut, Greenwood Press, 1994.

55. Metcalfe, G., *Great Britain and Ghana: Documents of Ghana History* 1807-1957, London, University of Ghana, 1964.

56. Mubiala, M., *Coopérer pour la paix en Afrique centrale*, United Nations, UNIDIR, 2003.

57. Murithi, T., *The African Union: Pan-Africanism, Peace-building and Development*, Burlington, Vermont, Ashgate, 2005.

58. Murray, R., *Human Rights in Africa: From the OAU to the African Union*, New York, Cambridge University Press, 2005.

59. Murray, R., *The African Commission on Human and Peoples' Rights and International Law*, Portland, Oregon, Hart Publishing, 2000.

60. Mutua, M., *Human Rights: A Political and Cultural Critique*, Philadelphia, University of Pennsylvania Press, 2008.

61. Nkrumah, K., *Africa Must Unite*, London, Panaf, 1963.

62. Nyangoni, W., *Africa in the United Nations System*, Cranbury, New Jersey *et al.*, Associated University Presses, 1985.

63. Okafor, O. C., *Re-defining Legitimate State: International Law and State Fragmentation in Africa*, The Hague *et al.*, Nijhoff Publishing, 2000.

64. Okoye, F., *International Law and the New African States*,

London, Sweet and Maxwell, 1972.

65. Oppenheim, L., *International Law*, London, Longmans, Green, 1905.

66. Oppong, R. F., *Private International Law in Commonwealth Africa*, Cambridge, Cambridge University Press, 2013.

67. Ouguergouz, F., *The African Charter of Human and Peoples' Rights: A Comprehensive Agenda for Human Dignity and Sustainable Democracy in Africa*, The Hague, Kluwer International Law, 2003.

68. Padmore, G., *Pan-Africanism or Communism? The Coming Struggle for Africa*, New York, Roy Publishers, 1956.

69. Pakenham, T., *The Scramble for Africa*, London, Weidenfield & Nicolson, 1991.

70. Poe, D. Z., *Kwame Nkrumah's Contribution to Pan-African Agency*, New York, Routledge, 2003.

71. Pufendorf, S., *De Jure Naturae et Gentium*, 1688, C. H. and W. A. Oldfather, trans., Oxford, Clarendon Press, 1934.

72. Rembe, N., *Africa and the International Law of the Sea: A Study of the Contribution of the African States to the Third United Nations Conference on the Law of the Sea*, Alphen aan den Rijn, Sijthoff & Noordhoff, 1980.

73. Rivier, A., *Principes du droit des gens*, Paris, A. Rousseau, 1896.

74. Rodney, W., *How Europe Underdeveloped Africa*, Washington D. C., Howard University Press, 1972.

75. Röling, B. V. A., *International Law in an Expanded World*, Amsterdam, Djambatan, 1960.

76. Rubin, L., and B. Weinstein, *Introduction to African Politics: A Continental Approach*, New York, Praeger, 1974.

77. Salomon, C., *L'occupation des territoires sans maître*, Paris, A. Giard, 1889.

78. Schmitt, C., *The Nomos of the Earth in the International Law of the Jus Publicum Europaeum*, 1950, G. Ulmen, trans., New York, Telos Press, 2003.

79. Sherwood, M., *Origins of Pan-Africanism: Henry Sylvester Williams, Africa, and the African Diaspora*, New York, Routledge, 2011.

80. Sriram, C. L. (ed.), *Peacebuilding and Rule of Law in Africa: Just Peace?*, Abingdon *et al.*, Routledge, 2011.

81. Thompson, V. B., *Africa and Unity: The Evolution of Pan-Africanism*, London, Longmans, Green, 1969.

82. Viljoen, F., *Human Rights in Africa: National and International Protection*, Oxford, Oxford University Press, 2007.

83. de Vitoria, F., *De Indis et De Iure Belli Relectiones*, J. Bate, trans., Washington D. C., The Carnegie Institution, 1917.

84. Wafula, F., *The African Union: Challenges of Globalization, Security, and Governance*, London *et al.*, Routledge, 2007.

85. Westlake, J., *Chapters on the Principles of International Law*, Cambridge, Cambridge University Press, 1894.

86. Westlake, J., *International Law*, Cambridge, Cambridge University Press, 1904.

87. Wheaton, H., *Elements of International Law*, William Beach Lawrence, ed., 6th ed., London, Stevens and Sons, 1929.

88. Yusuf, A., and F. Ouguergouz (eds.), *The African Union: Legal and Institutional Aspects*, Martinus Nijhoff, 2012.

89. Zeleza, P., *et al.*, *Human Rights, the Rule of Law, and Development in Africa*, Philadelphia, University of Pennsylvania Press, 2004.

二、论文

1. Abi-Saab, G., "The Newly Independent States and the Rules of International Law", *Howard Law Journal*, Vol. 8 (1962), pp. 95–121.

2. Abi-Saab, G., "The Third World and the Future of the International Legal Order", *Revue égyptienne de droit international*, Vol. 29 (1973), pp. 27–66.

3. Adede, A. O., "Africa in International Law: Key Issues of the Second Millennium and Likely Trends in the Third Millennium", *Transnational Law & Contemporary Problems*, Vol. 10 (2) (2000), pp. 351–370.

4. Bourgi, A., "L'Union africaine: entre les textes et la réalité", *Annuaire français de relations internationales* 5 (2004), pp. 327–344.

5. Castellani, L. G., "International Trade Law Reform in Africa", *Yearbook of Private International Law*, Vol. 10 (2008), pp. 547–563.

6. Chouala, Y. A., "Puissance, résolution des conflits et sécurité collective à l'ère de l'Union africaine, théorie et pratique", *Annuaire français de relations internationales* 6 (2005), pp. 288–306.

7. Chukwuemerie, A., "The Internationalisation of African Customary Law of Arbitration", *African Journal of International and*

Comparative Law, Vol. 14 (2006), pp. 143–175.

8. Cole, R., "Africa's Approach to International Law: Aspects of the Political and Economic Denominators", *African Yearbook of International Law*, Vol. 18 (2010), pp. 287–310.

9. Dugard, C., "The Organization of African Unity and Colonialism: An Enquiry into the Plea of Self-defence as a Justification for the Use of Force in the Eradication of Colonialism", *International and Comparative Law Quarterly*, Vol. 16 (1967), pp. 157–190.

10. Elias, T. O., "The Commission of Mediation, Conciliation and Arbitration of the Organization of African Unity", *British Year Book of International Law* 40 (1964), pp. 336–354.

11. Gutto, S. B. O., "The New Mechanism of the Organization of African Unity for Conflict Prevention, Management and Resolution, and the Controversial Concept of Humanitarian Intervention in International Law", *The South African Law Journal*, Vol. 113 (1996), pp. 314–324.

12. Igwe, S. C., "The ICC's Favourite Customer: Africa and International Criminal Law", *The Comparative and International Law Journal of Southern Africa*, Vol. 41 (2) (2008), pp. 294–323.

13. Khadiagala, G. M., "Pan-Africanism and Regional Integration", in *Routledge Handbook of African Politics*, London, Routledge, 2013.

14. Killander, M., "The Role of International Law in Human Rights Litigation in Africa", in E. Quansah and W. Binchy (eds.), *The Judicial Protection of Human Rights in Botswana*, Dublin,

Clarus Press, 2009, pp. 7–26.

15. Kindiki, K., "The Normative and Institutional Framework of the African Union Relating to the Protection of Human Rights and the Maintenance of International Peace and Security: A Critical Appraisal", *African Human Rights Law Journal*, Vol. 3 (1) (2003), pp. 97–117.

16. Kioko, B., "The Right of Intervention under the African Union's Constitutive Act: From Non Interference to Non-Intervention", *International Review of the Red Cross*, Vol. 85 (852) (2003), pp. 807–825.

17. Knott, L., "African Regional Courts and the Paradox of Regional Economic Integration", ECAS 2011, 4th European Conference on African Studies, 15 – 18 June, available at http://www.nai.uu.se/ecas-4/panels/81-100/panel-81.

18. Kodjo, E., "L'Union africaine entre la peur et l'espoir", *Géopolitique africaine* 15–16 (Summer-Autumn 2004).

19. Lamin, A. R., "African Sub-Regional Human Rights Courts: The ECOWAS Court of Justice, the SADC Tribunal and the EAC Court of Justice in Comparative Perspective", in J. Akokpari and D. S. Zimbler (eds.), *Africa's Human Rights Architecture*, Auckland, South Africa, Fanele, 2008, pp. 233–245.

20. Le Mon, C., and R. Taylor, "Security Council Action in the Name of Human Rights", *African Yearbook of International Law* 11 (2003), pp. 263–300.

21. Levitt, J., "The African Union and the New Pan-Africanism: Rushing to Organize or Timely Shift?", *Transnational Law &*

Contemporary Problems, Vol. 13 (1) (2003), pp. 1–6.

22. Magliveras, K. D., and G. J. Naldi, "The African Union: A New Dawn for Africa?", *International and Comparative Law Quarterly*, Vol. 51 (2) (2002), pp. 415–425.

23. Mahiou, A., "La Communauté économique africaine", *Annuaire africain de droit international* 1 (1993), pp. 798–819.

24. Maluwa, T., "Fast-Tracking African Unity or Making Haste Slowly? A Note on the Amendments to the Constitutive Act of the African Union", *Netherlands International Law Review*, Vol. 51 (2) (2004), pp. 195–236.

25. Maluwa, T., "International Law-Making in Post-Colonial Africa: The Role of the Organization of African Unity", *Netherlands International Law Review*, Vol. 49 (1) (2002), pp. 81–103.

26. Maluwa, T., "The Constitutive Act of the African Union and Institution-Building in Post-Colonial Africa", *Leiden Journal of International Law*, Vol. 16 (1) (2003), pp. 157–170.

27. Matthews, K., "Renaissance of Pan-Africanism: The AU and the New Pan-Africanists", in *The African Union and Its Institutions*, Auckland Park, Fanele, 2008, pp. 25–39.

28. Mnyongani, F. D., "Between a Rock and a Hard Place: The Right to Self-Determination versus Uti Possidetis in Africa", *The Comparative and International Law Journal of Southern Africa*, Vol. 41 (3) (2008), pp. 463–479.

29. Murithi, T., "The African Union's Evolving Role in Peace Operations: The African Union Mission in Burundi, the African Union Mission in Sudan and the African Union Mission in Somalia",

African Security Review, Vol. 17 (1) (2008), pp. 69–82.

30. Mutua, M., "Why Redraw the Map of Africa: A Moral and Legal Inquiry", *Michigan Journal of International Law*, Vol. 16 (1994–1995), pp. 1113–1176.

31. Odinkalu, C., "Forging New Frontiers: ECOWAS Court of Justice in the Protection of Human Rights", in C. C. Nweze (ed.), *Contemporary Issues on Public International and Comparative Law: Essays in Honor of Professor Christian Nwachukwu Okeke*, Vandeplas, 2009, p. 577.

32. Olowu, D., "Regional Integration, Development, and the African Union Agenda: Challenges, Gaps, and Opportunities", *Transnational Law and Contemporary Problems*, Vol. 13(1) (2003), pp. 211–254.

33. Oppong, R. F., "Re-imagining International Law: An Examination of Recent Trends in the Reception of International Law into National Legal Systems in Africa", *Fordham International Law Journal*, Vol. 30 (2) (2007), pp. 296–345.

34. Oppong, R. F., "The African Union, the African Economic Community and Africa's Regional Economic Communities: Untangling a Complex Web", *African Journal of International and Comparative Law*, Vol. 18 (2010), pp. 92–103.

35. Ouguergouz, F., "The Bamako Convention on Hazardous Waste: A New Step in the Development of the African International Environmental Law", *African Yearbook of International Law*, Vol. 1 (1993), pp. 195–216.

36. Packer, C. A. A., and D. Rukare, "The New African

Union and Its Constitutive Act", *The American Journal of International Law*, Vol. 96 (2) (2002), pp. 365–379.

37. Paliwal, S., "The Primacy of Regional Organizations in International Peacekeeping: The African Example", *Virginia Journal of International Law*, Vol. 51 (1) (2010), pp. 293–344.

38. Parfitt, R., "Empire des Nègres Blancs: The Hybridity of International Personality and the Abyssinia Crisis of 1935–36", *Leiden Journal of International Law*, Vol. 24 (2011), pp. 849–872.

39. Rowe, S. E., "ECOMOG: A Model for African Peacekeeping", *African Law Today*, 16 October 1998, pp. 1–4.

40. Sherwood, M., "Pan-African Conferences, 1900–1953: What Did 'Pan-Africanism' Mean?", *The Journal of Pan African Studies*, Vol. 4 (10) (2012), pp. 106–126.

41. Situma, F., "Africa's Potential Contribution to the Implementation of International Environmental Law", *Transnational Law and Contemporary Problems*, Vol. 10 (2) (2000), pp. 385–421.

42. Stefiszyn, K., "The African Union: Challenges and Opportunities for Women", *African Human Rights Law Journal*, Vol. 5 (2005), pp. 358–386.

43. Sundi Mbambi, P., "La politique sécuritaire et de defense de la SADC et la crise congolaise", *Congo-Afrique* 45 (2005), pp. 357–365.

44. Tehindrazanarivelo, D. L., "Les sanctions de l'Union africaine contre les coups d'Etats et autres changements anti-constitutionnels de gouvernement: potentialités et mesures de renforcement", *African Yearbook of International Law*, Vol. 12

(2004),pp. 255–308.

45. Tieku, T. K., "Explaining the Clash and Accommodation of Interests of Major Actors in the Creation of the African Union", *African Affairs*, Vol. 103 (411) (2004), pp. 249–267.

46. Umozurike, U., "International Law and Colonialism in Africa", 3 *Eastern Africa Law Review* 47 (1970), p. 81.

47. Viljoen, F., "Africa's Contribution to the Development of International Human Rights and Humanitarian Law", *African Human Rights Law Journal*, Vol. 1 (1) (2001), pp. 18–39.

48. Viljoen, F., and L. Louw, "State Compliance with the Recommendations of the African Commission on Human and Peoples' Rights, 1994–2004", *American Journal of International Law*, Vol. 101 (1) (2007), pp. 1–34.

49. Viljoen, F., "An Introduction to the Protocol to the African Charter on Human and Peoples' Rights on the Rights of Women in Africa", 16 *Washington & Lee Journal of Civil Rights and Social Justice* (2009), pp. 11–46.

50. Wachira, G. M., and A. Ayinla, "Twenty Years of Elusive Enforcement of the Recommendations of the African Commission on Human and Peoples' Rights: A Possible Remedy", *African Human Rights Law Journal*, Vol. 6 (2006), pp. 465–492.

51. Yusuf, A. A., and F. Zaoui, "L'influence des Etats africains sur la formation des règles relatives à la zone économique exclusive", in *Liber Amicorum en l'honneur de Raymond Ranjeva: L'Afrique et le droit international: variations sur l'organisation internationale*, 2013, pp. 393–414.

52. Yusuf, A. A., "The Right of Intervention by the African Union: A New Paradigm in Regional Enforcement Action?", *African Yearbook of International Law*, Vol. 11 (2003), pp. 3-22.

三、国际法学

1. International Court of Justice, *Armed Activities on the Territory of the Congo* (*Democratic Republic of the Congo* v. *Uganda*), *Judgment*, *ICJ Reports* 2005, p. 168.

2. International Court of Justice, *Armed Activities on the Territory of the Congo* (*New Application*: 2002), (*Democratic Republic of the Congo* v. *Rwanda*), *Jurisdiction and Admissibility*, *Judgment*, *ICJ Reports* 2006, p. 6.

3. International Court of Justice, *Frontier Dispute* (*Burkina Faso/Mali*), *Judgment*, *ICJ Reports* 1986, p. 554.

4. International Court of Justice, *Land and Maritime Boundary between Cameroon and Nigeria*, (*Cameroon* v. *Nigeria*: *Equatorial Guinea intervening*), *Judgment*, *ICJ Reports* 2002, p. 303.

5. International Court of Justice, *Legal Consequences for States of the Continued Presence of South Africa in Namibia* (*South West Africa*) *notwithstanding Security Council Resolution* 276 (1970), *Advisory Opinion*, *ICJ Reports* 1971, p. 16.

6. International Court of Justice, *South West Africa* (*Ethiopia* v. *South Africa*; *Liberia* v. *South Africa*), *Second Phase*, *Judgment*, *ICJ Reports* 1966, p. 6.

7. International Court of Justice, *Western Sahara*, *Advisory Opinion*, *ICJ Reports* 1975, p. 12.

图书在版编目(CIP)数据

泛非主义与国际法 / (索马里) 阿卜杜勒卡维·A.优素福著 ; 万猛等译. -- 北京:法律出版社,2019
ISBN 978-7-5197-3616-3

Ⅰ.①泛… Ⅱ.①阿…②万… Ⅲ.①泛非主义-历史-研究-非洲②反种族歧视-国际法-研究 Ⅳ.①D84②D998.2

中国版本图书馆 CIP 数据核字(2019)第 135712 号

泛非主义与国际法
FANFEI ZHUYI YU GUOJIFA

[索]阿卜杜勒卡维·A.优素福 著
万猛　赵理智　朱峰　韩泓宇 译

策划编辑 朱　峰
责任编辑 韩泓宇
装帧设计 李　瞻

出版 法律出版社
总发行 中国法律图书有限公司
经销 新华书店
印刷 北京虎彩文化传播有限公司
责任校对 王沁陶
责任印制 张建伟

编辑统筹 辞书·融出版编辑部
开本 A5
印张 7.25
字数 158 千
版本 2019 年 7 月第 1 版
印次 2019 年 7 月第 1 次印刷

法律出版社/北京市丰台区莲花池西里 7 号(100073)
网址/www.lawpress.com.cn
投稿邮箱/info@lawpress.com.cn
举报维权邮箱/jbwq@lawpress.com.cn
销售热线/400-660-8393
咨询电话/010-63939796

中国法律图书有限公司/北京市丰台区莲花池西里 7 号(100073)
全国各地中法图分、子公司销售电话:
统一销售客服/400-660-8393/6393
第一法律书店/010-83938432/8433　西安分公司/029-85330678　重庆分公司/023-67453036
上海分公司/021-62071639/1636　深圳分公司/0755-83072995

书号:ISBN 978-7-5197-3616-3　**定价**:68.00 元
(如有缺页或倒装,中国法律图书有限公司负责退换)